VIAJE AL CENTRO
DEL INFINITO

VIAJE AL CENTRO DEL INFINITO

La Musica de las Esferas

Jesus Magaña

Para pedidos de copias adicionales de este libro, por favor contacte con:
Palibrio
1663 Liberty Drive
Suite 200
Bloomington, IN 47403
Llamadas desde los EE.UU. 877.407.5847
Llamadas internacionales +1.812.671.9757
Fax: +1.812.355.1576
ventas@palibrio.com
407581

ÍNDICE

Existen infinidad de razones para realizar un libro. En mi caso, es una necesidad intensa de compartir mi curiosidad de niño y mis inquietudes de adulto por tratar temas relacionados con el proceso de la evolución universal, compartir la convicción que tengo de lo que significa estar conscientes de nuestra existencia en esta tierra, en esta dimensión.

Primero tuve la intención de escribir sobre lo que yo llamo "el colapso de las profecías del 2012", pero reflexionando, pensé que esto encasillaría mi libro en esa psicosis de nefasta esperanza en que millones de personas se han sumergido, aceptando la muy improbable eventualidad de un fin del mundo. Mi pretensión es hacer que la gente no se llene de pánico con esta actitud, y yo mismo podría provocar precisamente el efecto contrario; así es que en base a esta reflexión, preferí enfocarme en otro tema, el de "la música de las esferas", un concepto que en la filosofía Hermética tiene connotaciones muy profundas dentro de las diversas interpretaciones de cómo se comporta cada creación en el universo. Aunque más adelante profundizaré sobre esto, adelanto que se relaciona con la armonía que existe en el cosmos.

Sobre el título, "Viaje al Centro del Infinito", daré una explicación de lo que esto significa y la relación que existe con el título principal. Todo esto tiene que ver directamente con la enseñanza hermética de que "como es arriba, es abajo; como es abajo, es arriba", que no es más que la explicación de cómo todo guarda una analogía profunda con la fuente que nos ha generado; es decir, todo es igual al macro-universo, que es referirse a la ley de correspondencia, uno de los principios fundamentales del universo. "Viaje al Centro del Infinito" es algo metafórico y a la vez muy real; es decir, aunque suene a imposible, es una utopía perfectamente realizable. Me baso en la verdad científica de que el universo es infinito en tiempo y en espacio, y en la realidad de que nada en el cosmos tiene un punto de localización preferencial, lo que nos lleva a la certeza de que cada punto, cada objeto, cada ente ocupa una tribuna de igual importancia, si hay que decirlo de alguna manera. Ahora bien, si tanto en lo infinitamente grande como en lo infinitamente pequeño no existen límites, se deduce que da lo mismo viajar en cualquier dirección, tanto dentro, como fuera de nosotros mismos, pues de cualquier forma llegaremos a "ninguna parte", es decir, a cualquier punto indefinido en el micro o en el macro-cosmos.

Por eso me preocupa pensar que ante la llegada del año 2012, millones de personas alimentaron sus expectativas respecto a las multi-mencionadas profecías, y eso llegó a despertar los pensamientos más trágicos, al grado de que el solo pánico de creer que el mundo se acabaría fue causa de actitudes extremas, y hasta suicidas, que habrían podido provocar que, efectivamente, el mundo de esas personas, por lo menos ése, sí se acabara.

Todos y cada uno de los seres humanos somos dueños absolutos de nuestro universo personal, mismo que vamos adecuando momento a momento, de forma consciente e inconsciente, con la afluencia de conocimientos, comentarios, opiniones, experiencias y especulaciones. Mi intención no es debatir o poner en duda los juicios expuestos por quienes promueven las sentencias proféticas, ocasionando miedo e inestabilidad emocional. Todos tenemos derecho a concebir una idea propia de nuestra naturaleza y de lo que podemos esperar de ella, pero debemos ser éticos en nuestras exposiciones. Momento a momento, el futuro se manifiesta aparentemente de acuerdo a sentencias proféticas de la antigüedad. Las profecías mayas hablaron de lo que podemos esperar respecto al destino de nuestro planeta, pero en realidad, es cada uno de nosotros quien debe defender su propia convicción. Podemos tomar en consideración las diversas profecías que se nos presenten a través del tiempo, pero no debemos dejarnos influir al grado de provocarnos una paranoia que al hacerse colectiva, pueda simplemente atraer hechos indeseables. Si nosotros somos centro del universo y de ahí emana nuestra espiritualidad, en nuestras manos está que tanto los eventos positivos como los negativos sucedan o no.

Años atrás, conforme se consumía el siglo XX, una psicosis se apoderó de la humanidad, que miraba con angustia cómo se aproximaba el final inminente de su casa, el planeta Tierra. Ni siquiera los campos de la ciencia y la tecnología fueron la excepción. Los sistemas digitales amenazaban con provocar el caos en el mundo al perder sus configuraciones cibernéticas con la llegada del nuevo año 2000. Hoy en día, todos aquellos fatalistas que apostaban a la destrucción mundial no han podido hacer otra cosa que guardar silencio y continuar con el curso de sus vidas, de la misma forma en que el planeta Tierra continúa con sus giros de traslación y rotación en el Sistema Solar. Las respuestas siguen siendo insuficientes ante la infinidad de preguntas nacidas de las expectativas generadas por aquellos profetas de la antigüedad que auguraban un final catastrófico con el primer segundo del siglo XXI, y que sólo demostraron estar equivocados.

Las profecías relacionadas con el siglo pasado no se cumplieron, al menos no las que se referían al fin del mundo, pero la naturaleza de la raza humana es por demás compleja, pareciera que tiene la necesidad de vivir bajo una constante angustia por la destrucción de su especie; y es ahí donde surge la preocupación mía por entender cómo es que se provoca, crece y se contagia esta psicosis colectiva por la *escatología* de los tiempos. Mi teoría es que la incertidumbre causada por no saber qué es la muerte, qué es la vida, y cómo son los procesos de evolución que el universo tiene para reinventarse a cada momento nos provoca ese miedo de perder nuestra posibilidad de ser permanentes en alguna parte; es un apego a la vida, sabiendo que esto es una imposibilidad real, dentro del plano físico.

Generalmente las profecías provocan un cambio en la mente del hombre, pues el universo está generando todos esos procesos para que la humanidad se expanda por la galaxia comprendiendo su integridad fundamental con todo lo que existe. Esta posibilidad se vuelve imposibilidad para quienes no aceptan que la trascendencia tanto física como espiritual es posible y lógica.

Durante millones de años, nuestro planeta Tierra ha sido responsable de acuñar el proceso evolutivo de la vida, y segundo tras segundo nos ha permitido llegar a este instante de la historia. Pero tristemente, hemos llegado también a un punto en el que debemos hacernos las siguientes preguntas: ¿evolucionamos o nos degeneramos como especie? y ¿si evolucionamos, entonces evolucionar significa destrucción?

Las preguntas surgen porque durante los últimos dos milenios el hombre ha dado sus pasos más gigantescos evolutivamente, pero no así su conciencia por el respeto al planeta, un planeta que a cambio de brindarnos cuidados recibe abusos, es explotado y lastimado desde sus entrañas. Por tanto, deberíamos entender que el final del mismo no está dictado por falsas profecías, sino más bien por lo que yo llamo "la realidad evolutiva de la autodestrucción".

Nuestro planeta está vivo, se conmueve, reacciona e intenta recuperar su balance; su forma de manifestar cambios o dolor no la entendemos y sólo acertamos a llamarla "fenómenos naturales". Los movimientos telúricos, pandemias, degradación de las capas atmosféricas, calentamiento global que derrite el hielo en los polos para elevar el nivel de los mares, cambios climatológicos no propios de las zonas y todo aquello que no podemos controlar con los medios creados por nuestra inteligencia no son otra cosa que los síntomas del agotamiento de nuestro planeta. El frágil equilibrio que por milagro aún existe está siendo depredado por la única especie que más beneficios ha obtenido de él, la raza humana.

Nuestra indiferencia ante un mundo agonizante es alimentada día a día por un fanatismo absurdo que crece ante los grupos de poder que manipulan los sentidos de sus seguidores, ya sea por intereses políticos, económicos o religiosos, pero estas minorías han aprendido a lo largo de la historia a manipular y lastimar las cuerdas más sensibles del ser humano, sin pensar que quizá de este modo nos estén conduciendo al caos, dando origen a la posibilidad de nuestra total aniquilación.

Así entonces, nos encontramos de nueva cuenta esperando otro final del planeta Tierra sin considerar que posiblemente este *cataclismo*[1] no se refiera precisamente a la destrucción física de nuestro mundo, si no más bien al fin de los días del ser humano como especie.

Reconozco que estamos ante una inminente situación de peligro, pero del mismo modo entiendo que es tan sólo una respuesta a aquellas acciones que van en contra de nuestra propia naturaleza humana. Creo, por lo tanto, que es prioritario detenernos

---

[1] **Cataclismo: Gran trastorno del globo terráqueo.**

un momento para voltear hacia atrás, al inicio, para así poder revalorar y revitalizar nuestros principios morales, conceptos espirituales y sobre todo reconsiderar la forma en que concebimos la existencia de Dios; de lo contrario, cada vez que hablemos de un nuevo final, verdaderamente nos estaremos aproximando a él. Por mi parte, mi concepto sobre la existencia y realidad de Dios es simple, lo veo y lo percibo en todo cuanto existe, pero lo siento principalmente cuando observo esas nubes de estrellas, en esos bosques donde se siente que la vida se derrama; es decir, Dios y su creación son la misma cosa, Dios es ese abanico de posibilidades en que se encuentran inmersos esos oceanos de galaxias, esas posibles dimensiones que apenas si podemos imaginar.

Mi intención es que todos conozcamos, aunque sólo sea de manera intuitiva, un poco de este multiverso que nos contiene. Este es el objetivo central de mi presente obra; sin embargo, soy consciente de las limitantes que existen para lograrlo y por ello me sentiré conforme si cuando menos logro detonar en el lector un interés por imaginar la forma en que Dios y/o el universo interactúan por una armonización de la materia dentro y fuera de nuestro espacio vital, dentro y fuera de nuestro universo; es decir, en la totalidad.

Resulta frustrante intentar estudiar algo y descubrir que la mayor parte de ese algo parece no estar ahí, aunque uno sepa que debe estar ahí. Eso es lo que pasa con el universo. La materia y la energía oscuras parecen dominar el universo en el que habitamos, pero sólo hemos podido teorizar su existencia debido a los efectos que tienen sobre la materia y la energía "normal".

El día de hoy se cree que se ha carto-grafiado, mediante métodos indirectos, un 4% del total de la energía y las materias oscuras. El resto permanece totalmente indetectable para nuestros instrumentos, incluso utilizando métodos indirectos, aunque "deben estar ahí" porque los modelos matemáticos las predicen.

Uno de los grandes retos es entender qué son exactamente la materia oscura y la energía, para poder detallar mejor nuestra descripción del universo; no obstante, sin meternos en los terrenos de las altas matemáticas ni de la física cuántica ni nada que tenga que ver con aspectos altamente científicos, sólo basta con atender a los principios universales, específicamente al principio de polaridad y de correspondencia, en que todo tiene su antagónico

De igual modo describiremos las cadenas de acción e interacción que fundamentan el principio de causa y efecto; de este modo podremos mirarnos desde otra perspectiva, sabiéndonos como un eslabón que relaciona todas nuestras acciones, buenas y malas, pero siempre conscientes de que ello, ya sea en menor o mayor grado, formará indistintamente parte integral en la sumatoria de los movimientos cuánticos del multiuniverso.

Por tanto, la esencia de este libro pretende lograr un despertar espiritual, un despertar a una realidad diferente en la cual todos los lectores puedan comprender la evolución humana, antes, ahora y después, pero con un entendimiento que le dé sentido a la misma, sin continuar poniendo en riego su existencia y la de todos lo seres vivos que le rodean. Es importante mencionar que aún los objetos inanimados, los visibles y no visibles a nuestros ojos, todos ellos también forman parte del equilibrio en nuestro espacio y tiempo; por ello merecen igualmente nuestra comprensión, pero sobre todo nuestra consideración.

Cuando se hace referencia a la destrucción y aniquilamiento de la raza humana, a menudo se dice -y yo comulgo con esta aseveración- que nuestro padre, el Ser Supremo creador de todo lo que existe, no podría ser tan inmisericordioso como para arruinar una obra en la que existe vida de por medio; y como he mencionado en mis trabajos anteriores, "prefiero vivir especulando sobre cómo será el plan de Dios y cómo repercutirá la acción del universo en nuestras mentes". Entonces resulta importante razonar que la decisión y disposición de vivir o morir siempre será una cuestión personal.

Ahora bien, debemos aprender a analizar primero, para posteriormente poder sentir qué es lo que en verdad mueve nuestras vidas, qué es lo que nos hace amar y qué es lo que esperamos de nuestro planeta para poder estar dispuestos a "dar" sin reservas y así lograr una conciencia que no nos permita olvidar que formamos parte de un universo, que nos quite de una vez por todas esa venda de los ojos que nos hace egoístas y nos conduce a la fatalidad. Todo lo que decidamos afectará en forma directa o indirecta a la totalidad universal. Para mí, existe la certeza de que en nosotros ya se está generando un cambio energético muy importante, por ello es que considero debemos hacer una *introspección*[2] a nuestro espíritu con el firme deseo de que éste sea renovado en su esencia; deberemos hacer una reorganización en las covachas de nuestro interior emocional para reacomodar todo aquello que nos estorba como lastres indeseados que sólo obstaculizan nuestros espacios interiores y no nos dan la libertad de hacer cambios que nos lleven a nuevas espectativas de vida. Este cambio energético, creámoslo o no, ya está ocurriendo; las respuestas a todas aquellas preguntas sobre nuestra existencia ya se están dando.

---

[2] **Introspección: Observación interior de los propios actos o estado de ánimo y de conciencia.**

Nuestra civilización está, casi toda, fundamentada en un sistema de miedo. El ser humano por naturaleza teme a todo lo que está fuera de su comprensión, pero todo ello en conjunto con el planeta se transformará simultáneamente para dar paso a una nueva realidad de armonía. Sin embargo, el sistema fallará al enfrentar al hombre consigo mismo, al hacerle ver la necesidad de reorganizar la sociedad y continuar en el camino de la evolución que nos llevará eventualmente a comprender cómo fue concebida la creación.

Desde la antigüedad, el miedo a lo desconocido ha funcionado como un controlador natural de la conciencia del hombre, pensar en un dios castigador de los malos actos y premiador de las obras buenas ha sido el común denominador para todas las religiones y sectas alrededor del mundo.

Mi concepto es más neutro, considero que es el universo mismo quien reacciona y continuará reaccionando, no como castigo, sino más bien como una respuesta al quebranto de sus leyes naturales, leyes propicias para la vida y desarrollo del hombre, y que es el hombre quien paradójicamente las convierte en su autodestrucción, brindándose la libertad de ponderar sobre qué es el bien y qué es el mal, según sus convicciones, ejerciendo el multimencionado "libre albedrío".

EL COLAPSO DE LAS PROFECIAS

Para efectos de comprender muchos puntos tratados en este libro no es necesario tener un nivel académico superior. El hermetismo, el esoterismo, la física, la metafísica, los planos existenciales que tal vez tenga el universo, los archivos acásicos, los planos dimensionales y muchos etcéteras más nos llevan simplemente a conocer la existencia de ciertos fenómenos, de ciertas leyes que el universo ha creado para su comprensión. A través de las generaciones, la información genética de cada uno de nosotros es transmitida de manera natural, pero al mismo tiempo hay un sistema de creencias que el hombre ha ido aprendiendo por tradición y que resultan ser atavismos que nos esclavizan y nos impiden descubrir nuestra verdadera identidad como seres cósmicos al servicio de Dios – es decir, del universo- y no al servicio de los caprichos del hombre. Y aquí hay que aclarar que el servicio al hombre –y no a sus caprichos-

es algo que implica el amor al prójimo y a su bienestar, actuando con justicia y no con ventaja.

El plano existencial del planeta Tierra -se dice- está ubicado en la tercera dimensión y contiene todos los detalles que conciernen a nuestra parte de actuación en la obra de este teatro, llamada "vida". Los argumentos, los actos y los guiones ciertamente están escritos por el arquitecto universal; sin embargo deben ser revisados por cada uno de nosotros a fin de contribuir con una mejor interpretación de nuestro papel; tal vez de esta forma nuestro autor decida considerar el permitirnos continuar protagonizando la obra por un período mas largo, al mismo tiempo que El siga creando más actores que habrán de participar en el escenario del tiempo y el universo.

Al tratar el tema del tiempo y el espacio penetramos en el ámbito íntimo del universo, en esa interminable complejidad que es casi imposible lograr comprender, pero que ciertamente es digna de admiración.

Durante su infinita conjugación, el unuiverso nos ha brindado la espontaneidad de existir permitiéndonos formar parte del tamiz espiritual siguiendo pautas de perfecta armonía, sincronización, magia, pero sobre todo, energía. Surgirá un solo camino espiritual común para toda la humanidad que terminará con todos los límites establecidos entre las distintas maneras de ver a Dios.

Cuando consideramos otras leyes, teoremas o postulados, tales como la de causa y efecto, la teoría de la relatividad, los principios de física cuántica, el magnetismo y todos aquellos conceptos y principios universales que descifran parte de lo incomprensible, llegamos a un concepto mayor denominado filosofía esotérica.

Este concepto ha revolucionado desde la antigüedad, siglo tras siglo, gracias a la contribución de todos y cada uno de los filósofos, llámense clásicos, contemporáneos, del vitalismo o de la fenomenología, incluyendo a los autodidactas como yo, que ponemos todo nuestro amor al tratar de descubrir a ese Dios que nos ha traído hasta aquí, permitiéndonos por lo menos vislumbrar que existe un camino hacia El. Eso es lo que a mí me anima a seguir en esta ruta setética del conocimiento sobre la existencialidad.

Sin embargo, todos los involucrados en esta clase de estudios pueden dividirse en sólo dos clases: positivos y negativos. Los filósofos "positivos" son los que tratan de construir un camino para la realización del ser humano, por lo regular creen en Dios o en algo que sostiene una existencia superior ante el diseño universal. Los "negativos", aunque parezca inconcebible, se reconocen porque tratan de abolir el sistema universal con una serie de postulados e intentos esquizofrénicos deductivos caracterizados por una mentalidad mediocre, no aceptando que en los predios de Dios no existe la lógica convencional humana. La física cuántica nos está demostrando que todos los principios lógicos sobre el por qué y el cómo de todo lo que existe se estrllan dentro del sentido común.

Con este cúmulo de ideas, la humanidad está comenzando a experimentar un despertar al conocimiento; temas que se comentaban y carecían de cobertura hace años, hoy invaden todos los ámbitos sociales; se habla de *karma*[3], de planos y puertas dimensionales, leyes de atracción y repulsión, constelaciones, viajes en el tiempo, el infinito, las dimensiones, y conceptos como "fractales" y "hologramas" hoy son de uso cotidiano. De manera formal o informal, los temas están sobre la

---

[3] **Karma: energía derivada de los actos que condiciona cada una de las sucesivas reencarnaciones, hasta que se alcanza la perfección. Fuerza espiritual.**

mesa. Por eso hoy me congratulo de que estemos siendo testigos presenciales de una transmutación energética espiritual.

Como ocurre en todas las áreas, a quienes nos involucramos profundamente y de forma especial en estos temas, y se nos ha desarrollado una capacidad analítica para comprender ciertos hechos que se están presentando lentamente, hechos que habremos de experimentar. El universo permanece en una transformación eterna, y consecuentemente hay una evolución y revolución constantes en todos los aspectos y ámbitos del mismo; es por ello que la vida y la entropía siempre están ofreciéndonos un abanico de posibilidades inimaginables que son la clave del por qué y el cómo suceden las cosas con sus respectivos resultados. A nuestros ojos, éstos son casi siempre definitivos; y sin embargo, son parciales porque deben dejar lugar a un siguiente paso que genera un nuevo resultado siempre existente de manera potencial y en dirección al infinito. Es así como se establece una cadena interminable de eventualidades, las que son inevitables para la consecución de la obra del gran arquitecto universal.

El universo y Dios trabajan en armonía para proveer los satisfactores necesarios para la realización de Tú, Yo, todos y todo. Por lo tanto es claro que somos la materia prima, **el elemento** que contribuye a la presentación del instante en la totalidad del universo.

En la mayoría de las ocasiones percibimos la cadena de eventualidades como meras provocaciones de Dios para hacernos sentir dolor, sufrimiento, tristeza, desesperanza, felicidad, amor y todos esos sentimientos que provocan sensaciones en el corazón del ser humano; pero la realidad es otra, las pasiones y estados de ánimo experimentados por todos nosotros son resoluciones que poco a poco van formando los eslabones de la cadena infinita de sucesos, mismos que nos han conducido al presente eterno de las cosas, es decir, el ejercicio de la ley Causa-Efecto. Esta ley ha forjado, forja y continuará forjando cada uno de los pasos de nuestra evolución de manera personal y general en todo cuanto existe, sin importar que sea o no sea tangible. Es necesario saber esto, pero no dejarnos abrumar por la idea de evitarlo, pensar que podemos hacerlo sólo sería engañarnos. Por todo lo anteriormente mencionado, mi parecer es que "**todo lo que viene, conviene**". Existen muchos autores que no aceptan esta ley y creen que la causa y el efecto sólo se dan en el plano físico, pero para mi y para muchos otros, la ley de causalidad se ejerce en la totalidad del multiverso. Esta ley nos enseña que tarde o temprano, las facturas por nuestro conportamiento nos las pasarán a cobrar y también viceversa, cosecharemos lo que hayamos sembrado.

El proceso de crecimiento es doloroso casi siempre y en cualquier sentido. Por eso debemos entender que el dolor enseña y el sufrimiento curte.

Lo cierto es que cualquier punto del universo es un crisol en el cual se están forjando nuevas expectativas, mismas que se transforman en elementos catalizadores a nuevas formas, a diferentes manifestaciones dentro del desarrollo universal. Así entonces, sólo nos resta mantener alerta nuestra mente y mantener nuestros sentidos con la disposición de colaborar con los proyectos del universo; a él nos debemos, somos producto de su creación y será mejor armonizar con sus necesidades, pues hoy por hoy estamos en la posibilidad de comprenderlo mejor, de conocerlo más; es decir, de conocernos a nosotros mismos y de CONOCER A DIOS.

Con lo anterior no tiene sentido preguntarnos qué hace Dios mientras suceden algunos percances que vivimos o que ocurren en el mundo. ¿Por qué Dios ha permitido que esto o aquello sucediera? La respuesta sólo será conocida por la inercia de los sucesos; es decir, el universo es lo bastante grande como para poder admirar la perspectiva de la planificación universal, por lo tanto, mucho de lo que vemos como un mal superior, no es más que parte del proceso, es el comprender cómo el amor se matiza de dolor y viceversa.

Mi amigo P.G. me comenta que los Vedas nos enseñan que las palabras, letra por letra, tienen un sentido esotérico muy profundo en cuanto a su significado, que llevan una carga energética que va a ejercer un efecto tanto en lo físico como en lo espiritual, y por lo tanto, la numerología también tiene un sentido esotérico.

El cinco es un número cabalístico que se relaciona con la reducción del 2012 y el pentalfa luminoso o pentagrama esotérico, la estrella de cinco puntas. ¡Sí! el 2012 es el advenimiento de cargas potenciales de energía de todo tipo y magnitud, dentro de las cuales están implícitas múltiples expectativas que estimulan nuestros pensamientos y conciencia a todos los niveles reflexivos.

Indudablemente, con ello nos estamos direccionando en las innumerables rutas de elevación espiritual que nos permitirán transmutar a la próxima etapa evolutiva. Interiormente considero que la humanidad debiera ser diferente, más acorde con los planes del propio universo. Diferentes profecías lo tienen considerado a lo largo de la historia y sin embargo, ninguna parece acertar sobre cómo se ejecutará ese cambio.

Para muchos, esto significa un colapso drástico que deberá ocurrir súbitamente, como lo describe una de tantas interpretaciones que se le han dado a una profecía maya que aparentemente hace referencia al 21 de diciembre del 2012, año de una alineación planetaria con el sol.

Según la película "EL 2012", Roland Emmerich, creador de la misma, nos dice que ese día el sol recibirá un rayo del centro de la galaxia con el que se iniciará un nuevo ciclo. "Será un fin catastrófico del mundo en que vivimos y el inicio de una nueva etapa de respeto y armonía". Antes de ese día, la humanidad estará en la posibilidad de desaparecer como especie pensante que atenta contra el planeta, o evolucionar hacia una nueva era. Desde luego yo me inclino por esta segunda posibilidad y creo fervientemente que Dios eso espera y tiene para nosotros; yo lo veo como una magnífica oportunidad de estar mas cerca de El, de estar más próximos a trabajar "codo con codo" con el creador.

Si bien es cierto que a través del tiempo han surgido multitud de predicciones sobre el final del mundo, también lo es que no se han cumplido ¿Entonces por qué es tan famosa la profecía maya del 2012? ¿Será la profecía maya otra predicción que no se cumpla?

Sería absurdo pensar que entendemos a la civilización maya por el simple hecho de ser espectadores de una película de ciencia ficción cuyo único fin es el entretenimiento y el lucro, y no el conocimiento. La cultura maya es misteriosa y para poder comprender sus profecías sería necesario introducirnos en su maravilloso mundo espiritual, en el que practicaban según se sabe, una religión *animista*[4], en la cual las personas tienen almas inmortales, y también los elementos del mundo natural, el sol, las montañas, el fuego etc., creencia que sostiene que todo cuanto existe en el universo tiene un alma

---

[4] **Animista: Creencia que atribuye vida anímica y poderes a objetos de la naturaleza. Creencia en la existencia de espíritus que animan todas las cosas.**

que siempre está expectante a seguir con los diferentes caminos de la evolución de la totalidad.

Los mayas fueron una civilización espléndida que reinó durante más de 17 siglos, heredándonos su calendario y sus profecías sobre el 21 de diciembre del 2012. Dominaban y conocían a la perfección las ciencias del mundo, eran grandes matemáticos, artistas, constructores y astrónomos, siglos antes de que los hombres occidentales y egipcios erigieran templos y palacios que aún podemos apreciar.

La primera profecía anuncia el final del presente ciclo, que desde 1999 quedan 13 años, y que cada hombre está en el salón de los espejos para encontrar en su propio interior su naturaleza multidimensional, de donde se desprende la importancia de conocer al menos que existen diferentes planos dimensionales, los que supuestamente todos deberemos experimentar en aras de la evolución espiritual.

Se sabe que nuestro sol gira alrededor de Alción, el sol central de las Pléyades, y que ambos sistemas giran alrededor de la mente y en el centro de la galaxia, en un giro que dura 200 millones de años. Si estos sistemas giran alrededor de la mente, tengo la sensación de estar delimitando a la mente y a todo cuanto existe, pues la mente universal está en todo y en cualquier parte -intuyo que aun en las dimensiones o espacios inexistentes- siempre como una gran potencialidad, y de esa potencialidad hemos derivado el camino que marca la suma de las leyes de el multiverso.

Con esta profecía los mayas quieren abrir la mente del hombre a la galaxia. Dejan codificada en su calendario la fecha clave para la transformación definitiva: a fines del año 2012.

Desde mi particular punto de vista, existe una catarsis entre las cosas del cielo, nosotros los seres vivos y todas las entidades de posibles dimensiones existentes dentro y fuera de nuestro planeta.

Considero que existen seres celestiales que se dirigen unidos a nosotros hacia ese cambio energético. Cuando digo celestiales, no me refiero a que procedan del cielo, un cielo como el interpretado por muchos como un punto de esperanza y recompensa; yo me refiero a seres que vienen de afuera de nuestro herido y convulsionado planeta. Ellos poseen información extraída de los llamados archivos acásicos, son energía divina, cósmica, que nos está indicando cómo es que debemos comportarnos con nuestro medio ambiente en esos espacios en que estamos tratando de crecer y que muy poco respetamos, comenzando con nuestro espacio interior, nuestro cuerpo, al cual constantemente deterioramos con pensamientos y acciones negativas. Por fortuna, son este cielo, este universo y este Dios en el que creo fehacientemente quienes nos harán cambiar, y es también en este punto de mi libro en el que pretendo compartir mi confianza en Dios. Creo que no todo está perdido si ya desde ahora decidimos iniciar y adoptar este cambio que salvará a nuestras futuras generaciones; las semillas para este cambio están en los silos de nuestros corazones y de nuestros pensamientos; sin embargo, atendiendo a la ley de atracción, es necesario que así lo creamos y que estemos expectantes a que todo lo que ocurra en estos próximos meses tendrá que ser para nuestro beneficio, y por esto, desde ya, demos gracias Dios, al universo.

Hoy mi esperanza ya no alcanza para poder concebir en mi mente y corazón el surgimiento de un líder que nos dirija a ese cambio urgente, pues si ese líder surgiese, las fuerzas opuestas, ésas que están tan interesadas en reducir a nuestra población a los niveles más convencionales de sus intereses en beneficio de unos cuantos, ellas mismas serían las encargadas de hacernos desaparecer. En realidad es mi deseo que unos a otros nos contagiemos de la necesidad de tomar acciones que no sean únicamente iniciativa de uno o unos cuantos, debemos de intervenir todos en esas fuerzas que radican en nuestra manera de pensar y de sentir. El problema rebasa en nuestra actualidad todos los parámetros de tipo individual, pero en esa misma proporción tengo mi fe puesta en que algo surgirá de lo mas recóndito de la conciencia de los que hoy dirigen al mundo en un sentido equivocado, para que puedan experimentar un chispazo de generosidad por el respeto a la vida, tan grande que origine un cambio positivo en todas las cosas.

Quiero contribuir con mi granito de arena con todos aquellos que ya lo han hecho también, para generar el cambio, ése que traerá consigo mejores expectativas de vida y evolución en nuestros hijos, y por extensión, en nuestro universo entero. Podemos todos juntos, a distancia, generar pensamientos que contengan estos deseos de cambio, podemos proyectar nuestros deseos idealizados y entonces podremos influir en los gobernantes para despertar en ellos una nueva forma de percibir las cosas materiales y espirituales.

Las respuestas a todo están contenidas dentro de nosotros mismos; nuestro comportamiento determina el futuro. La humanidad se encuentra en un momento de transición fundamental hacia una nueva manera de percibir el universo. La Tierra y el Sistema Solar están recibiendo un haz de luz, energía e información desde el centro de la galaxia que está provocando un aumento en la vibración del planeta, en las ondas cerebrales y las células del hombre, que se están poniendo en resonancia, en equilibrio con la nueva frecuencia, ocasionando enormes cambios en su comportamiento. Consciente estoy de que mucho de este conocimiento sobre lo que está sucediendo dentro y fuera de nosotros puede sonar utópico y descabellado, pero ignorarlo no podrá evitar que el planeta se tenga que acomodar a una nueva circunstancia de mejor evolución. ¡Ayudémosle! De cualquier modo nuestro planeta es la madre que a todos nos parió, nos protege y nos hace crecer en todos los ámbitos.

La llegada del 2012 no hace el cambio, sino que ya lo hemos estado generando. Reitero, estoy seguro de que el inicio de una nueva época ha comenzado. Cuando escribo esto, faltará un día para que "se presente o se deje ver una nave nodriza de grandes dimensiones". Lo leí en internet y en algún periódico local, también lo escuché en algún noticiero de la radio. Será una nave enorme, algo así como una ciudad flotando por el espacio -se informó- venida de algún punto del universo, o quizá

¿de alguna otra dimensión? Los medios que dieron tal información, no sé en qué se basaron para distribuirla, lo que sí sé es que al igual que muchas otras, ésta es una noticia sensacionalista, causante de crear miedo y expectación, pero con ello estaremos demostrando que es mucho lo que ignoramos sobre el significado de viajar a través de los espacios siderales, y me parece increíble que existan quienes puedan atreverse a publicar y asegurar este tipo de información.

Aun sabiendo que ello fuera posible, que nuestra tecnología no tenga nada que ver con las posibilidades de otros entes universales, aun con todo lo que podamos y queramos objetar, creo que jamás, al menos por muchas generaciones humanas más, podremos apreciar un acontecimiento de esta magnitud.

Son estas noticias envueltas de ignorancia las que en conjunto con otros factores están envenenando nuestro espíritu y nuestras conciencias, evitando que podamos dejar que todo fluya de manera natural. Estoy seguro de que de ser factible una vivencia así para los humanos, será cuando el que lo hace todo considere que estamos adecuadamente preparados para poder asimilarlo, y considero que para que esto suceda falta mucho tiempo. Mi intuición me dice que la humanidad trascenderá a otros planos de existencia, pero esto no lo presenciarán nuestros ojos, para esto trascenderán cientos de generaciones. La transmisión de estos sensacionalismos nos provoca una esclavitud emocional, coartando nuestra libertad anímica y moral. Es tiempo de despertar a esta realidad de que como seres humanos debemos crear ideas y pensamientos que desquebrajen esas oquedades intelectuales en las que nos hemos acurrucado por tibieza. Todos tenemos derecho a la libertad en todos los sentidos, la libertad es algo a lo que debemos aspirar siempre con un estricto sentido del derecho que tenemos, simplemente por ser parte de la existencialidad.

Por ello, con este trabajo lo que pretendo lograr es lo siguiente: primero, un cambio de conciencia que me permita influir en los demás de manera auténticamente positiva; y segundo, contrarrestar ese efecto psicopatológico que la humanidad está permitiendo que le dañe y le contamine. Esto se puede lograr muy poco a poco, con el solo hecho de desearlo, podemos hacer mucho estando unidos, pero tendremos que irradiarlo desde nuestro interior. Vamos todos al rescate de nuestros intereses espirituales y trabajemos codo con codo con nuestro universo. Acabo de mencionar que se piensa que una nave vendrá de otras posibles dimensiones, y... ¿qué son estas dimensiones? Será prudente hacer una descripción de este concepto.

La pregunta sobre la forma del universo comenzó con la evolución misma de la humanidad. Esta es una de las interrogantes básicas que intenta responder cada religión, cada filosofía.

LOS PLANOS DE EXISTENCIA: LAS DIMENSIONES

La aparición de la física como ciencia aportó un concepto que utilizamos a menudo, pero cuyo significado no es sencillo de comprender: las dimensiones.

Yo entiendo que las *dimensiones*[5] son aquellos planos de existencia en el multiuniverso. Cada plano tiene su típica forma de vibrar; así entonces, cada ente existente en un respectivo plano se comporta obedeciendo de manera consciente o inconsciente las leyes y principios que lo rigen. Dicho de otra manera, esto significa que cada ser, pensante o no, se somete a las condiciones existenciales de su entorno.

---

[5] **Dimensiones: Son un grado de libertad para realizar un movimiento en el espacio y tiempo.**

Con la publicación de "*Philosophiae naturales principia matemática*" en 1687, Isaac Newton describió la ley de gravitación universal y estableció las bases de la Mecánica Clásica. Fue el primero en explicar con rigurosidad científica la forma en la que se movían los planetas. De acuerdo a Newton, el tiempo era universal para todos los objetos sin importar los movimientos relativos entre ellos, por lo tanto no era una dimensión.

Fue Einstein quien superó esta visión con su Teoría General de la Relatividad, publicada en 1915, en la que trata al tiempo como una coordenada en un espacio-tiempo unificado.

La existencia de dimensiones que estuvieran fuera del alcance de la percepción humana fue una especulación inevitable. Después de todo, cualquier mente curiosa se puede preguntar por qué el número de dimensiones es cuatro y no otro.

En principio, con el conocimiento popular de las tres dimensiones clásicas, a esta dimensión no observable se la llamó la cuarta dimensión. Con la aceptación del tiempo en ese cuarto lugar, la dimensión desconocida pasó a ser la quinta dimensión. En matemáticas sí es posible formular la existencia de una dimensión extra.

La teoría de la relatividad triunfó porque explicó el funcionamiento del universo de forma más amplia y exacta que las teorías de Newton, pero no abarcó a todos los fenómenos físicos.

Al aumentar el conocimiento sobre la naturaleza y comportamiento del átomo, se evidenció que las partículas de materia más pequeñas, conocidas como partículas subatómicas, no se comportaban de acuerdo al sentido universal. El mismo Einstein, apoyado en los trabajos de Max Plank, buscó la explicación a estos comportamientos diferentes y ayudó al nacimiento de una teoría cuántica. A partir de 1925, científicos como Heinsenberg, Schrödinger y Dirac formularon los principios de la mecánica cuántica. Al conjuntar este par de teorías, el próximo paso fue un intento por unificar a la relatividad y la mecánica cuántica, que es lo que finalmente conocemos como Teoría de las Cuerdas.

¿Cómo encajar el mundo relativo de cuatro dimensiones con el mundo cuántico de diez u once? Este problema teórico intenta resolver la Teoría de las Cuerdas.

Recuerdo la historia de un ser bidimensional que no podía imaginar lo que era el concepto de volumen. Puesto que vivía en una hoja de papel, sus sentidos sólo le permitían percibir el ancho y el largo, pero jamás pudo sentir o imaginar lo que el concepto de volumen significa para nosotros, que vivimos en la tercera dimensión de nuestros cuerpos.

Como el negro y el blanco, al final sólo existen dos caminos, uno de comprensión y tolerancia, y otro de miedo y destrucción. En ambos se aprenden las lecciones necesarias para la evolución de la conciencia. Somos nosotros los que debemos decidir cuál de los dos tomamos; son el cielo y el infierno manifestados simultáneamente.

La humanidad se dirige hacia una nueva época de armonía, y para llegar a ella tenemos que enfrentar nuestros grandes miedos y aceptar que las situaciones difíciles siempre son aspectos indispensables para lograr evolucionar al ritmo de lo que el universo necesita de nosotros, que vivimos para aprender, conservando la paz en cualquier situación que vivamos, sin importar lo difícil que ésta pueda ser, pues podremos mantener y aumentar nuestra energía interna produciendo un estado de vibración alta y un estado de respeto por todo lo que existe. Las situaciones difíciles estarán en nuestras vidas mientras necesitemos aprender algo de ellas.

Todas las dimensiones imaginadas tienen su propia manera de vibrar. Esto nos lleva a una conclusión lógica: si en un momento dado podemos elevar a nuestra rotatoria -diferentes niveles de conciencia- estaremos en la posibilidad de penetrar en dimensiones diferentes.

La lógica también me hace suponer que debe existir un plano de interferencia absoluta en donde se acrisola un promedio multidimensional, en el cual todas las dimensiones posibles se conjuntan, mezclándose en el eterno orden del caos; y entonces, la acción contraria a la entropía clasificará a cada una de ellas para ser detectadas por los entes adhoc a estas escalas vibratorias.

Un ejemplo de ello es que la humanidad está calificada para detectar la tercera dimensión entre todas las posibles existentes. Se dice que en cada dimensión puede existir una similar, pero octavada, ya sea hacia arriba o hacia abajo dentro de la escala vibratoria, y en la cual el planeta Tierra se está extendiendo. En todas las dimensiones octavadas hay pautas de acción y reacción de cada una de las partículas que las integran. En ocasiones, algunos humanos tenemos destellos de iluminación, lo que nos hace percibir de manera espontánea sensaciones dimensionales diferentes a aquellas de las que nos embriagamos cotidianamente.

La primera dimensión es la encargada de convertir la energía en materia, es la dimensión microcósmica de las microvitas, partículas, átomos y moléculas; es la vibración que pone en movimiento el ácido ribonucleico (ARN). El agua vibra en esta frecuencia, y también los fluidos eléctricos de nuestros cuerpos vibran en la primera dimensión. En etapas prefetales cada uno de nosotros hemos pasado por la primera dimensión.

La segunda dimensión es la frecuencia que mantiene la unión entre especies, es lo que se llama consciente colectivo. En esta dimensión la conciencia es lineal o bidimensional; a nivel geométrico se corresponde con las formas planas del círculo, del cuadrado, del triángulo, etc. Un ejemplo de consciente colectivo lo vemos en las bandadas de pájaros que actúan como un todo, donde sus movimientos en navegación son matemáticamente perfectos. También tenemos otro ejemplo en los cardúmenes de algunos peces, en las colonias de hormigas, en los panales de abejas y algunas otras veces en los humanos, cuando actuamos como un consciente colectivo. Esto es lo que precisamente, de manera genérica, nos coloca ante la circunstancia actual de despertar a un nuevo estado de conciencia, aparentemente mágico, que incita el interés por comprender temas de tipo filosófico, tecnológico y espiritual. Este consciente colectivo es lo que me preocupa al observar el com-portamiento de la humanidad ante noticias como la del supuesto fin del mundo.

La tercera dimensión es este plano de existencia donde nos encontramos los seres humanos y elementos integrantes del planeta Tierra, y que al mismo tiempo tenemos consciencia volumétrica o tridimensional del espacio y tiempo. Así entonces, tenemos la capacidad de proyectarnos hacia el futuro, de recordar el pasado y tener consciencia del presente; percibimos las formas y los volúmenes de los cuerpos, como los cubos, las esferas, los polígonos, y sentimos una presencia lineal del tiempo; es en esta dimensión donde tenemos la sensación de nuestra propia evolución. Es una dimensión de escuela básica para el desarrollo de nuestra personalidad que nos permitirá proyectarnos hacia estados de consciencia más elevados; es decir, nos catapulta a estados de espiritualidad superior. Curiosamente es a partir de los dos años de edad cuando el ser humano comienza a construir su ego.

La cuarta dimensión es una frecuencia vibratoria que nos brinda la posibilidad de regresar a la consciencia de integración con la unidad; es la frecuencia de los sueños, de las emociones y los sentimientos, donde la física cuántica nos atrae hacia ella, permitiéndonos vislumbrar esa mágica realidad de que simultáneamente podemos estar en diferentes escalas de vibración y cada vez con mejores posibilidades de comprensión en estos renglones del conocimiento universal. Es preciso decir que la cuarta dimensión no es otra cosa más que la tercera dimensión con un factor agregado de tiempo, utilizado como coordenada para situar un evento en el espacio según la teoría de la relatividad.

La quinta dimensión se dice que es una escala de vibración que permite la bifurcación de una misma línea temporal; es decir, un mismo evento podría ser real simultáneamente en dos líneas de tiempo diferentes.

Para explicar mas allá de la sexta dimensión, sólo puedo expresar que todas y cada una de ellas son resultado del bing bang, sea como sea que haya sido este evento, o inclusive sin él, lo podremos siempre traducir como la primera causa que haya dado origen a la totalidad. En esas dimensiones se genera un sinfín de posibilidades que parecen inimaginables, pero que son la posible respuesta de cómo sí se podría viajar a través del tiempo y el espacio de manera instantánea.

La comunidad científica ha pretendido englobar las leyes cuánticas, las leyes de teoría de la relatividad, la mecánica cuántica y todas las leyes de la física unificándolas para que no existan contradicciones. Pretenden que la fuerza de la gravedad se pueda explicar de la misma manera en que se explican las otras tres fuerzas fundamentales: la fuerza fuerte, la débil y la electromagnética.

Durante los 80s se desarrolló la Teoría de Cuerdas, misma que sugiere que todas las partículas, sean protones, neutrones, electrones, fotones, positrones, muones, etc., son el resultado de una vibración multidimensional de cuerdas unidimensionales, y cada frecuencia distinta forma una partícula diferente.

La Teoría de Cuerdas dice que sea como haya sido el principio, llámese Big Bang, generación espontánea, etc., todo está interconectado. Explica que las dimensiones extra son de tamaño cuántico y por eso no las percibimos.

BIG-BANG

Otro tema interesante es que algunas explicaciones dentro de esta teoría requieren la existencia de universos paralelos. Por ejemplo, explica que la incertidumbre para hallar un electrón se debe a que éste se mueve entre distintos universos paralelos, probablemente infinitos, de manera simultánea. También se explica que la debilidad de la gravedad, comparada con las otras fuerzas, se debe a que la gravead es generada por unas partículas llamadas "gravitones"[6], y parte de éstas escapan a los universos paralelos.

La gravedad es completamente diferente a todas las demás fuerzas de la naturaleza y cuando se intentan hacer cálculos sobre campos gravitatorios, las matemáticas

---

[6] **Gravitones: Partículas diminutas sin masa que emanan de los campos gravitatorios.**

fallan. Es una fuerza extraña de la que tenemos mucho que aprender.

Algunos creen que hasta que no entendamos la gravedad en profundidad, no podrá haber una ley unificada; otros creen que hasta que no tengamos una ley unificada no podremos saber con exactitud cómo es la gravedad.

Está comprobado que existen ciclos en la naturaleza que generan diferentes tipos de eventos, los cuales a lo largo de nuestra historia han venido definiendo el presente de nuestras vidas. Uno de ellos es el registrado con una frecuencia aproximada de 65 millones de años, mismo que produce sucesos dramáticos durante los cuales se extinguen y desaparecen miles de las especies vivientes tanto en la flora como en la fauna; sin embargo, me parece aventurado que con estos rangos de tiempo pudiéramos precisar una próxima catástrofe de tal magnitud, aunque sí, podría ser posible en este universo tan lleno de utopías y especulaciones.

Para los poco interesados en estos aspectos del conocimiento, hay muchos detalles que son totalmente intracendentes; para mí, me llena de una real esperanza el saberme siempre dispuesto a digerir cualquier novedad y los cambios en los puntos de vista en que siempre podremos observar a nuestro universo. Finalmente sé que con esto me estoy observando a mí mismo y, recordemos, "lo único permanente es el cambio".

Creo que es hora de tomar conciencia inmediata de nuestra influencia en el planeta, dejando de lado profecías y pronósticos expuestos irresponsablemente por falsos redentores; así dejaremos de equivocarnos y seremos conscientes de la destrucción que estamos provocando, como hemos venido haciendo a lo largo de la historia con procesos de industrialización sin sentido ecológico, causando con estos desechos un aumento general en la temperatura del planeta y que está siendo acentuado con el aumento de la actividad solar.

Debemos terminar de una vez por todas con nuestra conducta depredadora para armonizar nuestro ser con la naturaleza; sólo así podremos ajustarnos con los cambios que conducirán al universo a la próxima etapa evolutiva. Pudiera ser esta catástrofe el principio de una era de armonía en la que el derretimiento de los polos, resultado del calentamiento global, permitiera una inundación para limpiar los continentes y hacerlos reverdecer nuevamente originando grandes cambios en la composición física de las tierras en donde vivimos. Pero existen factores en común y patrones que se repiten en todas las religiones y cultos, que lo interpretan como una época de paz y armonía para todos lo seres humanos. Podríamos llamarlo el nuevo día galáctico.

La nueva época de luz y de armonía universal no puede tener una humanidad basada en la economía militar de imposición de verdades por la fuerza, ni en un sistema no equitativo de distribución de la riqueza. El dinero dejará de usarse entonces como medio de intercambio, y los síntomas que surgen desde distintas partes del mundo parecen confirmarlo: transferencias electrónicas, tarjetas codificadas, etc.

El amanecer de la galaxia debe basarse en el profundo respeto de los unos por los otros, y en el reconocimiento de que todo lo que existe es como otra parte de cada uno. Por eso no se necesitarán aparatos represivos ni los sistemas tecnológicos de comunicaciones existentes, pues el hombre estará conectado mentalmente, por lo que la violencia dejará de existir.

Estamos en el final del ciclo de la noche de 5125 años, en el final de un día galáctico de 26000 años, y a punto de entrar en el amanecer de la galaxia. La época de cambio que los mayas denominaron "el tiempo del no tiempo" también fue profetizada por otras culturas y religiones. Todas coinciden en que está a punto de suceder un cambio de grandes proporciones y, al final del último giro aproximadamente, vendrá un período de caos que conducirá a una nueva fase de la evolución de la conciencia y a cambios sin precedentes en el hombre.

En otra profecía de los mayas se menciona que se acerca el tiempo en que aparecerá un cometa cuya trayectoria pondrá en peligro la existencia misma del hombre. Los mayas veían a los cometas como agentes de cambio que venían a poner en movimiento el equilibrio existente para que ciertas estructuras se transformaran y permitieran la evolución de la conciencia colectiva. Todas las cosas tienen el lugar que les corresponde, todas las circunstancias, aún las más adversas, son perfectas para generar comprensión sobre la vida y para desarrollar la conciencia sobre la creación. Con esto último, no puedo dejar de pensar en la premisa oriental de: "todo está como debe estar; si no, estaría mejor".

La profecía nos habla del momento en que en el sistema solar, en su giro cíclico, sale de la noche para entrar al amanecer de la galaxia. Dice que en los 13 años que van del año 1999 al 2012, la luz emitida desde el centro de la galaxia sincroniza a todos los seres vivos y les permite acceder voluntariamente a una transformación interna que produce nuevas realidades, y todos los seres humanos tienen la oportunidad de cambiar y romper sus limitaciones recibiendo un nuevo sentido, la comunicación a través del pensamiento. Los hombres que voluntariamente encuentren su estado de paz interior elevando su energía vital y llevando su frecuencia de energía vital del miedo hacia el amor, podrán captar y expresarse a través del pensamiento, y con él florecerá el nuevo sentido, esto ya de manera espontanea, y sólo habrá que cultivarlo y aprender a controlarlo.

La energía adicional del rayo emitido da la oportunidad a los hombres que estén en una frecuencia de vibración alta, y en ese sentido, ampliará la conciencia de todos los hombres, generando una nueva realidad individual, colectiva y universal. La reintegración de las conciencias individuales de millones de seres humanos despertará una nueva conciencia en la que todos comprenderán que son parte de un mismo organismo gigantesco. La capacidad de leer el pensamiento entre los hombres revolucionará totalmente la civilización. En ese momento comprenderemos que somos parte integral de un único organismo, y nos conectaremos con la tierra, los unos con los otros, con nuestro sol y con la galaxia entera. Todos los hombres comprenderán que el reino mineral, vegetal, animal, y toda la materia esparcida por el universo a todas las escalas, desde un átomo hasta una galaxia, son seres vivos, con una conciencia evolutiva. A partir del año 2012, todas las relaciones estarán basadas en la tolerancia y la flexibilidad, pues el hombre sentirá a los otros como parte de sí mismo, y de manera tácita, al amarnos a nosotros mismos, estaremos simultáneamente amando a todo lo que existe.

LA PREPARACION

Para lograr un posible viaje cuyo destino sea precisamente el centro del infinito, no podemos sustraernos de que suena a una total y absoluta utopía, pero tendremos que ubicarnos en una perspectiva muy especial que contiene la real circunstancia de que en el universo, si ya hemos aceptado su infinitud, también tendremos que entender que la infinitud no puede tener ningún centro; pero si establecemos un punto de referencia, sí es posible que existan coordenadas que puedan ser eventualmente un centro en determinados espacios geométricos, y ¿qué mejor punto de referencia podría ser mejor que el centro de nuestro corazón o nuestra conciencia? Por lo tanto ¡sí! sí es posible hacer un viaje al centro del infinito.

En mi caso personal, sin imaginarlo siquiera, hubo una circunstancia en la década de los 80s que empezó a prepararme para realizar ese viaje, mismo que no ocurrió sino hasta treinta años después, pero que me llevó a dar un giro inesperado a mi destino.

En México, tuve que ir con mi padre, Don Beto, a la ciudad de Morelia, Michoacán. En el trayecto, una de las llantas del vehículo en que viajábamos se reventó; transitábamos en el tramo de Atzimba, entre Zitácuaro y Morelia; era de noche y soplaba un viento helado, pero agradable. La bóveda celeste se iluminaba con millones de estrellas. No había luna. Cuando bajamos a cambiar el neumático, sucedió algo que llamó mi atención y que cautivó mi mente para toda la vida. Lo que miré, jamás podré sacarlo de mi mente, era una lluvia de estrellas que surcaba el firmamento; el brillo refulgente de aquellas ráfagas de luz jamás podría describirlo, aunque lo llevo fresco en el pensamiento. Es algo que puedo sentir nuevamente con sólo recordarlo.

Esa lluvia de luz se componía aproximadamente de 30 estrellas que rayaron el cielo literalmente; fue una imagen que permaneció en el espacio no más de 3 a 5 segundos, pero que ha perdurado en mi mente durante todos estos años. Desde ese instante, la necesidad de conocer todas las explicaciones acerca de este fenómeno se volvieron una obsesión en mi mente y corazón. Y fue justo en esos segundos cuando comenzó mi viaje al centro de la galaxia. Yo todavía no sabía nada a cerca de la imposibilidad de atravesar distancias interestelares, pero ya estaba emprendiendo mi salida a ese punto intermedio entre el espacio y el tiempo…

Mi viaje continuaba gestándose. Lo primero que hice al regresar de Morelia y tomarme un tiempo libre, fue dirigirme a la biblioteca para leer sobre este tema. Descubrí cosas tan impresionantes, que muchos de mis raquíticos cimientos culturales terminaron por resquebrajarse y resurgir nuevamente, pero esta vez con una visión totalmente distinta. Para mi fortuna, llegó a mis manos una obra maestra del conocimiento hermético: *el Kybalion*[7], un escrito redactado por tres iniciados en el conocimiento filosófico, ahora llamado Hermético, en referencia a Hermes Trismegisto. Leer ese libro fue tan impresionante para mí que mi vida empezó a transformarse por completo. Comprender los principios universales que ahí se describen fue el inicio de lo que sería mi futuro viaje hacia el centro del universo.

Como éste es un tema vital para entender el objetivo del trabajo que ahora realizo, me voy a permitir explicar el contenido del *Kybalion...*

---

[7] **Kybalion: Libro que en él se resumen los 7 principios básicos que rigen al universo o principios herméticos.**

Los siete principios sobre los que se basa la Filosofía Hermética son:

1) El principio del mentalismo
2) El principio de correspondencia
3) El principio de vibración
4) El principio de polaridad
5) El principio del ritmo
6) El principio de causa y efecto
7) El principio de generación

MENTALISMO: "Todo es mente; el universo es mental".

Este principio explica que la mente es el principio común del universo, energía única que es la fuerza esencial de la composición química de los elementos. La energía "mente" se manifiesta en una escala infinita de vibraciones, de lo más denso a lo más sutil, conformando así los diversos materiales y elementos del universo. Desde el punto de vista del que piensa, lo pensado es fantasía, ilusión, pero cada cosa tiene entidad real dentro de su escala vibratoria; por ejemplo, si existieran los fantasmas, serían reales para otros fantasmas. La materia nace del pensamiento. El hombre también crea a través de su mente. La energía del pensamiento humano es capaz de crear la materia cuando alcanza la suficiente densidad vibratoria.

CORRESPONDENCIA: "Como es arriba es abajo; como es abajo es arriba".

Este principio se refiere a la similitud o sintonía entre los diversos planos vibratorios del universo. Las mismas leyes de lo denso actúan en lo sutil y viceversa.

El principio de correspondencia actúa haciendo que lo similar se agrupe con lo similar por una sintonización de la frecuencia vibratoria y explica la constante relación entre los acontecimientos internos y externos. Hay una influencia recíproca entre el ser humano y la naturaleza, y entre nuestro mundo interno y nuestra realidad material. De esta manera, operando en nuestra realidad externa influiremos nuestro mundo interno y viceversa.

VIBRACIÓN: "Nada está inmóvil; todo se mueve; todo vibra".

Este principio explica las diferencias entre las manifestaciones de la materia, la mente y el espíritu. La materia y la energía no son más que el resultado de estados vibratorios diferentes. El espíritu es un extremo polar vibratorio más elevado y la materia, un extremo polar vibratorio más denso. Entre ambos extremos, nuestros pensamientos, nuestras emociones, nuestros deseos, impulsos, son estados vibratorios de frecuencias intermedias. Nuestros pensamientos, emociones, deseos e impulsos son solamente estados vibratorios. Nuestro cuerpo físico es un conjunto de sistemas que vibran a una misma frecuencia, y la salud es solamente la armonía vibratoria de los sistemas biológicos.

En el terreno de nuestra vida personal todo gira en torno a la vibración; si estamos alegres es por una vibración positiva; la tristeza es una vibración negativa. Nuestro pensamiento nos hará ser más o menos inteligentes de acuerdo a nuestra vibración mental. Cada persona tiene un largo de onda mental que le es propia, de acuerdo a la frecuencia vibratoria de su inteligencia; mientras más corta es la onda mental, más inteligente será el sujeto y viceversa.

Los hábitos de conducta, los estados emocionales, los pensamientos habituales, las normas morales y espirituales del individuo determinan la bondad o inconveniencia de sus estados vibratorios, lo que a su vez influye de manera decisiva en su vida cotidiana. Las vibraciones positivas o negativas se van acumulando en el individuo y en cierto momento, esta acumulación estalla por un detonante y se producen acontecimientos fastos o nefastos.

POLARIDAD: "Todo es doble; todo tiene dos polos; todo, su par de opuestos: los semejantes y los antagónicos son lo mismo; los opuestos son idénticos en naturaleza pero diferentes en grado; los extremos se tocan; todas las verdades son semiverdades; todas las paradojas pueden reconciliarse".

Todo es dual en el universo, todo tiene dos caras y la polaridad mantiene el ritmo de la vida. Conocemos la existencia de algo por el contraste de su opuesto. Así entonces encontramos:

- Luz - oscuridad
- Amor - miedo
- Espíritu - materia
- Vida - muerte
- Bien - mal

- Vigilia - sueño
- Valor - temor
- Alegría - tristeza

Los opuestos se presentan siempre en el mismo elemento. El principio de polaridad funciona a lo largo de una escala vibratoria de grados que va de lo positivo a lo negativo, siendo lo positivo de naturaleza superior a lo negativo. En cada cosa hay dos polos, en la temperatura están el frío y el calor, y aunque son opuestos, son una misma cosa. El espíritu y la materia son la misma cosa, pero se manifiestan vibratoriamente opuestos.

Cualquier fenómeno tiene la posibilidad de su manifestación contraria, y es factible cambiar algo no deseable en su condición opuesta. Esta es la base de la transmutación mental, el arte de polarizar; lo no deseable se neutraliza, cambiando su polaridad. Los extremos se tocan, es decir, los dos extremos de la polaridad se atraen mutuamente. Es por esta razón por lo que es más fácil transformar el odio en amor que hacerlo desde la indiferencia. La distancia más corta en este caso no es la línea recta, sino el círculo. Este principio, a nivel práctico, permite apreciar los obstáculos de la vida en su justo valor, ya que posibilita que una situación conflictiva pueda ser cambiada gradualmente a través de una adecuada polarización en lo opuesto. El cambio de un grado a otro de la escala vibratoria se consigue mediante la voluntad y el autodominio.

RITMO: "Todo fluye y refluye, todo asciende y desciende; la oscilación pendular se manifiesta en todas las cosas; la medida del movimiento hacia la derecha es la misma que la de la oscilación a la izquierda; el ritmo es la compensación".

El principio del ritmo nos muestra que todo en el universo se encuentra en constante transformación y movimiento, y dentro de él, nada está inmóvil o estancado. Este principio es perfectamente observable: todo en el universo nace para alcanzar una cumbre, decaer y destruirse, completando un ciclo vital y volviendo a comenzar. Esto ocurre en todos los planos: personas, pueblos, civilizaciones, planetas. El símbolo de este principio es el péndulo.

El principio del ritmo, junto con el de polaridad, mantiene el proceso de la vida. La vida se mueve rítmicamente entre dos polos: vida-muerte, y el secreto está en mantener la tensión y el equilibrio entre ellos; la polaridad y el ritmo comandan al organismo en sus más delicados procesos. La enfermedad es el quebrantamiento del ritmo o la perturbación de la polaridad de los sistemas que componen el cuerpo. Este flujo y reflujo se manifiestan no sólo en nuestro cuerpo, sino también en nuestras emociones, instintos, pensamientos, e incluso en las diferentes situaciones vitales que experimentamos. La persona crea sus propios estados rítmicos de acuerdo a la naturaleza de las acciones que, al repetirse, terminan tomando un ritmo positivo o negativo. Son muchos los ejemplos en el transcurso de la vida cotidiana que son fruto de ritmos creados por actos, tanto inconscientes como deliberados.

A través de la transmutación mental es posible elevarse por sobre la oscilación rítmica y polarizarse en el polo deseado, pero esto sólo es posible a través de la elevación del nivel de conciencia y el ejercicio de la voluntad. En caso de estar inmerso en un ritmo negativo, la tendencia natural es que ese ritmo se mantenga, y sólo podrá cambiarse con una toma de conciencia y ejerciendo la voluntad para crear deliberadamente en un ritmo diferente y opuesto al anterior.

CAUSA Y EFECTO: "Toda causa tiene un efecto; todo efecto tiene su causa; todo

ocurre de acuerdo con la ley. Azar no es más que el nombre que se le da a una ley desconocida. Hay muchos planos de causación, pero ninguno escapa a la ley".

Todo en el universo tiene una causa específica; no hay causa sin efecto, ni efecto que no tenga una causa, y la magnitud de un efecto es equivalente a la importancia de la causa que lo generó. Este principio actúa sobre todos los planos de energía: materia, mente y espíritu. No existen la casualidad, la suerte o el azar; empleamos estos términos sólo para referirnos a causas desconocidas; el hombre en general sólo conoce los efectos. El hermetista pretende acceder al conocimiento de las causas.

A través de este principio podemos comprender la relación que existe entre los sucesos que le ocurren a un individuo y sus acciones del pasado, ya sean de esta vida o de una anterior. En este sentido, la palabra "karma" se refiere a aquella causa cuyo efecto aún no se ha manifestado, ya sea positivo o negativo. Este principio brinda una explicación racional a las aparentes injusticias del mundo, cuando observamos efectos cuyas causas no alcanzamos a entender.

Al comprender este principio, entenderemos que todo lo que sucede en nuestras vidas, favorable o desfavorable, tiene que ver con causas que nosotros mismos hemos puesto en movimiento en algún momento, de forma consciente o inconsciente, y que no tiene sentido culpar a Dios, a los demás o a la suerte, pues somos nosotros mismos quienes labramos nuestra propia vida. No importa que no recordemos el instante o se nos haya olvidado lo que hicimos en muchos momentos de nuestra existencia; el principio de causa y efecto siempre se encuentra actuando y se nos presenta de manera inevitable. De forma correspondiente, comprenderlo a profundidad nos permite encontrar la solución a muchos de los problemas en la vida; asumir la importancia de generar causas favorables de forma consciente puede hacernos acreedores a sus efectos favorables.

GENERACIÓN: "El género está en todo; tiene sus principios masculino y femenino; el género se manifiesta en todos los planos".

Género es el impulso de la vida que no se puede originar ni mantener sin la presencia del polo positivo y negativo. El universo, en constante cambio, fluctúa entre ciclos de transformación y creación. A nivel físico, por ejemplo, la fuerza de atracción hace girar los electrones (negativo) alrededor del protón (positivo). En los animales y en los seres humanos, este ritual de la vida se repite: los espermatozoides son atraídos por el óvulo y cuando uno de ellos logra penetrarlo, sucede la concepción. Los problemas de la vida, por ejemplo, constituyen el polo negativo, fuerza que al ser fecundada por una energía positiva y generadora, permite lograr lo que se desea. El progreso espiritual también puede verse desde esta perspectiva: así se crea la conciencia, a partir del choque entre la inercia y el poder de la voluntad, dirigida por una mente despierta.

Esta ley nos muestra cómo los principios masculino y femenino están siempre en acción en la naturaleza. En cada uno de los planos, la energía femenina busca su unión con lo masculino, absorbe de éste lo activo y produce una fuerza nueva. Lo masculino es lo generador y lo femenino, lo encargado de concebir. La generación se manifiesta en todos los planos; esto quiere decir que tanto a nivel físico, como mental, emocional y espiritual, este principio actúa generando de forma constante elementos nuevos en nuestra vida.

Fue cuando concluí la lectura de *el Kybalion* que se inició mi búsqueda incansable del conocimiento y se abrieron ante mí todas las posibilidades para realizar el viaje soñado al centro del universo. Entendí que estos siete principios existen, que son inquebrantables, que nos rigen en el todo, y que son leyes que se manifiestan tanto en las partículas más pequeñas y fundamentales como en la más enorme de las galaxias, al mismo tiempo. Comprendí que la mente tiene la misma propiedad que los metales y otros elementos, que pueden ser transmutados de estado en estado, de grado en grado, de condición en condición, de polo a polo, de vibración en vibración. La verdadera transmutación hermética es una práctica, un método, un arte mental.

De alguna manera, este nuevo conocimiento me colocó en el umbral de una puerta ambigua, por una parte, de fácil acceso, y por otra, aparentemente imposible de penetrar. Pero es precisamente esa parte "imposible" la que conduce a los espacios cuánticos, en donde se encuentra la clave de esos fascinantes universos incomprensibles que nos transfieren a dimensiones inimaginables, en donde todo puede realizarse y manifestarse de manera mágica. Por eso es importante enfatizar y resumir los siete principios herméticos...

Los labios de la sabiduría permanecen cerrados, excepto para el oído capaz de comprender. Donde quiera que estén las huellas del maestro, allí los oídos del que está pronto para recibir sus enseñanzas se abren de par en par. Cuando el oído es capaz de oír, entonces vienen los labios que han de llenarlo con sabiduría. Más allá del cosmos, del tiempo, del espacio, y de todo cuanto se mueve y cambia, se encuentra la realidad sustancial, la verdad fundamental. Lo que constituye la verdad fundamental, la realidad substancial, está más allá de toda denominación, pero el sabio lo llama el TODO. En su esencia, el TODO es incognoscible, mas el dictamen de la razón debe ser recibido hospitalariamente, y tratado con respeto. El universo es una creación mental sostenida en la mente del TODO.

El TODO crea en su mente infinita innumerables universos, los que existen durante *eones*[8] de tiempo. Así, para él, la creación, desarrollo, decadencia y muerte de un millón de universos no significa más que el tiempo que se emplea en un abrir y cerrar de ojos. La mente infinita del TODO es la matriz del cosmos, y en la mente del padre-madre, los hijos están en su hogar. No hay nadie que no tenga padre y madre en el universo.

---

[8] Eón: Se refiere a cada una de las divisiones mayores de tiempo de la historia de la tierra desde el punto de vista geológico y paleontológico. A pesar de la propuesta hecha en 1957 en definir un eón como una unidad de tiempo igual a mil millones de años, la idea no fue aceptada como una unidad de medida en sí y es raramente usada para especificar un periodo exacto de tiempo, sino que se usa como una cantidad grande pero arbitraria de tiempo.

El sabio a medias, reconociendo la irrealidad relativa del universo, se imagina que puede desafiar sus leyes; ése no es más que un tonto vano y presuntuoso que se estrellará contra las rocas y será aplastado por los elementos en razón de su locura. El verdadero sabio, conociendo la naturaleza del universo, emplea la ley contra las leyes, las superiores contra las inferiores, y por medio de la alquimia transmuta lo que no es deseable en lo valioso, y de esta manera triunfa.

La maestría consiste, no en sueños anormales, visiones o imágenes fantasmagóricas, sino en el sabio empleo de las fuerzas superiores contra las inferiores vibrando en las más elevadas. La transmutación, y no la negación presuntuosa, es el arma del maestro.

Si bien es cierto que todo está en el TODO, no lo es menos que el TODO está en todas las cosas. El que comprende esto debidamente, ha adquirido gran conocimiento. Nada reposa; todo se mueve y todo vibra. Todo es dual; todo tiene polos; todo, su par de opuestos, los semejantes y desemejantes son los mismos; los opuestos son idénticos en naturaleza, difiriendo sólo en grado. Los extremos se tocan; todas las verdades son medias verdades; todas las paradojas pueden reconciliarse.

Todo fluye y refluye, todo asciende y desciende; la oscilación pendular se manifiesta en todas las cosas; la medida del movimiento hacia la derecha es la misma que la de la oscilación a la izquierda, y el ritmo es la compensación.

Toda causa tiene su efecto, todo efecto tiene su causa, todo ocurre de acuerdo con la ley. Azar no es más que el nombre que se le da a la ley no reconocida; hay muchos planos de causalidad, pero ninguno escapa a la ley.

El género está en todo; todo tiene su principio masculino y femenino; el género se manifiesta en todos los planos.

La posesión del conocimiento, si no va acompañada por una manifestación y expresión en la práctica y en la obra, es lo mismo que el enterrar metales preciosos, una cosa vana e inútil. El conocimiento, lo mismo que la fortuna, deben emplearse. La ley del uso es universal, y el que la viola sufre por haberse puesto en conflicto con las fuerzas naturales.

Para cambiar una característica o estado mental, hay que cambiar su vibración. Para destruir un grado de vibración no deseable, hay que poner en operación el principio de polaridad y concentrar la atención en el polo opuesto, al que se desea suprimir. Lo no deseable se mata cambiando su polaridad.

La mente, así como los metales y los elementos, puede transmutarse de grado en grado, de condición en condición, de polo a polo, de vibración en vibración. El ritmo puede neutralizarse mediante el arte de la polarización.

Nada escapa al principio de causa y efecto, pero hay muchos planos de causalidad y uno puede emplear las leyes del plano superior para dominar a las del inferior. El sabio sirve en lo superior, pero rige en lo inferior; obedece a las leyes que están por encima de él, pero en su propio plano, y en las que están por debajo de él, rige y ordena. Sin embargo, al hacerlo, forma parte del principio en vez de oponerse al mismo. El sabio se sumerge en la ley, y comprendiendo sus movimientos, opera en ella en vez de ser su ciego esclavo, en forma semejante al buen nadador, que va de aquí para allá, según su propia voluntad, en vez de dejarse arrastrar como el madero que flota en la corriente. Sin embargo, el nadador, el sabio y el ignorante están todos sujetos a la ley. Aquél que esto comprenda va en el buen camino que conduce a la maestría.

EL UNIVERSO CUANTICO

¿Qué es el universo cuántico? Simplemente puede resumirse en dos palabras: EL TODO. Este campo se refiere al comportamiento de las partículas infinitamente pequeñas y cómo éstas afectan a las estructuras gigantescas, astros, estrellas, planetas y galaxias.

Como la ciencia lo ha demostrado, en el universo todo vibra, aun cuando la materia se encuentre a una temperatura de cero absoluto, pues se ha demostrado que a ese nivel los movimientos permanecen latentes con un potencial de vibración siempre a punto de iniciar un movimiento en cuanto se eleve ese grado absoluto. Así entonces, un pensamiento es lo suficientemente poderoso para modificar una realidad, pero se concluye que no hay realidades totales.

Es imposible navegar dos veces en las mismas aguas de un río que nunca deja de fluir. También es cierto que cada ente pensante, cada cuerpo en movimiento o inerte, siempre están cambiando, tanto en su estructura material como en la espiritual. Es así como se ha podido demostrar de manera cuántica, que con el solo hecho de observar o que alguien nos observe, nuestra realidad se transforma en fondo y forma. La simple observación modifica los escenarios existenciales a cada fracción de segundo.

En el preciso instante en que escribo estas líneas, con cada golpe sobre el teclado de la computadora, destruyo y estoy machacando cientos, y tal vez miles, de átomos de la piel que cubre mis dedos. Esto hace cambiar el contexto físico de mi totalidad como cuerpo; a cada respiración que efectúo, estoy barriendo directo a mi interior cantidades importantes de material atómico que forma mi existencia física y espiritual. Esa capacidad maravillosa de poder mirar con nuestros ojos hace que los conceptos de percepción y apreciación permanezcan en un constante flujo de información; por ello, nuestros puntos de vista sobre las circunstancias que dan forma a los pensamientos se mantienen en un cambio eterno. Igualmente, también dan forma a las realidades que pretendemos ver y creer que existen como las vemos, provocando diversas reacciones como respuestas a los estímulos que a cada instante estamos recibiendo a través de nuestros sentidos. No es nada fácil definir lo indefinible.

La mecánica o física cuántica es, según el principio de incertidumbre, indefinible, pero si todo cambia a cada instante, por qué no habría de suceder lo mismo con la ciencia cuántica, si a cada momento nos muestra aspectos diferentes de nuestras concepciones sobre cómo pudo ser el principio del universo y cómo será su fin, si es que le correspondiera un final.

Existe una zona oscura en la historia de la mecánica cuántica. En el mundo científico se considera a esta ciencia como la más básica, la más cercana a la descripción más íntima de la naturaleza de las cosas. Cualquier fenómeno cotidiano está explicado en última instancia por la característica cuántica de la naturaleza. Sin embargo la ciencia no ha querido dar el paso para explicar el universo entero en base a su naturaleza cuántica.

La característica cuántica de la naturaleza se ha demostrado con varios ejemplos a través del tiempo. Uno de ellos, con resultados sorprendentes: el experimento del gato de Schrödinger, que fue concebido en 1935 por Erwin Schrödinger, pero fue verificado experimentalmente hasta finales del mismo siglo.

Este manifiesta la necesidad de observación para que se produzca un hecho real. Confirma que las partículas tienen su función de onda y en consecuencia un espectro discreto o continuo de estados cuánticos; la observación hace que "colapse la función de onda" y adquiera uno de esos estados. Pero el sistema partícula-observador también tiene su función de onda y su espectro de estados cuánticos.

El experimento del gato de Schrödinger consiste en lo siguiente: "Supongamos un sistema formado por una caja cerrada y opaca que contiene un gato, una botella de gas venenoso, una partícula radiactiva con un 50% de probabilidades de desintegrarse y un dispositivo tal que, si la partícula se desintegra, se rompe la botella y el gato muere. Al depender todo el sistema del estado final de un único átomo que actúa según la mecánica cuántica, tanto la partícula como la vida del gato forman parte de un sistema sometido a las leyes de la mecánica cuántica. El gato como masa mantiene su existencia acorde a la ley de la preservación de la materia, pero la existencia del gato (vida) se convierte en una suposición ligada al comportamiento de la partícula radiactiva. Siguiendo la interpretación de Copenhague, mientras no abramos la caja, el gato está en un estado tal que está vivo y muerto a la vez. En el momento en que abramos la caja, la sola acción de observar al gato modifica su estado, haciendo que pase a estar solamente vivo, o solamente muerto. Esto se debe a una propiedad física llamada superposición cuántica, que explica que el comportamiento de las partículas a nivel subatómico no puede ser determinado por una regla estricta que defina su vector. La física cuántica postula que es posible calcular la trayectoria o la posición de una partícula, pero no los dos factores de manera simultanea; por consiguiente, la capacidad de determinar la vida del gato se vuelve aleatoria."

El dilema de los físicos, y por ello su negativa a aplicar la teoría cuántica al universo, aparece al considerar al universo como un sistema cuántico con su correspondiente función de onda, *"es necesario un observador exterior a él para que pueda existir"*.

Sin embargo, es el punto de vista filosófico y no el científico lo que quiero analizar, pues estoy convencido de que la física cuántica nos afecta en cuanto a la decisión de cómo comportarnos con nuestro principal entorno, *"eso que cubre a nuestro ser"*, o sea, nuestro cuerpo físico, con el fin de estar más a tono con los planes del creador y obviamente, con nuestra esencia espiritual. Para lograr esta posición, debemos estar conscientes de que cada uno de nosotros es una versión complementaria u holográfica de la totalidad, una partícula del gran holograma que tal vez sea la unidad.

Todos y cada uno de los entes del universo, de manera tácita, somos representantes del TODO. Comprender esto a mi manera me hace sentir un ser realizado e importante, y en este punto quiero explicar lo que para mí significa sentirme así. Desde siempre pude darme cuenta de la importancia que la mayoría damos al aspecto material. Una sentencia que mi madre me transmitió desde niño fue "que no hay plazo que no llegue, ni fecha que no se cumpla", así que la apliqué a mi realidad de que "lo quiera o no, lo acepte o lo rechace". La entropía está cumpliendo su función en mi cuerpo físico, y la trascendencia estará ahí cuando menos lo espere.

Hay aspectos en el universo que no tenemos por ahora la posibilidad de cambiar, y uno de ellos es el fenómeno de la muerte. Este concepto es real para todos, es la iniciación que nos abre la puerta a planos superiores de evolución. Ella, la muerte, siempre llegará puntual a la línea, al umbral donde tendremos que comenzar nuestra trascendencia. Esta sentencia me hizo decidir de forma consciente no preocuparme por cosas materiales que, me guste o no, se quedarán aquí, esperando que la entropía[9] disponga de ellas.

Hay que recordar: sólo nuestra propia transformación interna puede conducirnos a nuevos sentidos, a darnos salud y a integrarnos con todo el mundo en una nueva realidad de paz y armonía. Aceptar todos los eventos de nuestra existencia sin importar su dificultad, sin importar su resultado -alegría o tristeza- y entendiéndolos como oportunidades de aprendizaje para beneficio personal, es la única manera de lograr la independencia interior y la armonía.

Para poder conducirnos hacia la paz interior, necesitamos comprender y aceptar la evolución de la creación haciendo un trabajo constante durante todos y cada uno de los

---

[9] **Entropía: Magnitud termodinámica que mide la parte no utilizable de la energía contenida en un sistema. Medida de la incertidumbre existente ante un conjunto de mensajes, de los cuales se va a recibir uno solo.**

días de nuestra existencia terrestre, que se verá reflejado en todas las situaciones de nuestra vida, misma que de todos modos terminará abrindose paso hacia la muerte, pero, insisto, no hay que entender a la muerte como el final, sino más bien como una evolución dirigida a perfeccionar nuestra esencia. La comprensión y aceptación de ese proceso de evolución debe llevarnos al crecimiento espiritual a través de la armonía. Sólo así, encontrando la paz interior, tendremos la capacidad de abrir los archivos históricos de todo lo que hemos vivido, sin juzgarnos, como parte de un proceso de armonización.

Las relaciones humanas deben establecerse a partir de los puntos de unión, y no de separación, pues solamente así atestiguaremos una nueva cosmovisión espiritual. Si los hombres somos flexibles y buscamos la paz, los cambios ocurrirán en los niveles físico, mental y espiritual, en todas las escalas: individual, familiar, comunal, planetaria, y galáctica. La mayor transformación ocurrirá solamente cuando se comprenda al universo como un proceso de evolución eterna de la conciencia de los seres. Cuando tengamos capacidad para desechar todo tipo de prejuicios, entenderemos que todas las experiencias conducen inevitablemente a una armonía mayor.

Entre mis pensamientos siempre ha existido la premisa de que la entropía se detiene en algo que es inmune a la destrucción, y es la parte eterea de las cosas desde el punto de vista particular, es decir, las infinitamente pequeñas partes que componen "la nada". Partiendo del hecho de que todos somos seres venidos de las estrellas, que somos seres de luz, que somos producto de la energía y que ésta no se destruye, o en el mejor de los casos, se va refinando en una espiral que asciende hacia la energía total del universo, ya que todo lo que sube baja, y todo lo que se va, regresa, aquí la entropía sólo deja que el universo decida cómo reinventarse, y después de esa linea, trabaja.

Conocer este aspecto cíclico del universo logra provocarme un sentimiento de realización, pues estoy cierto de que voy caminando en una ruta segura hacia esa energía divina, la fuente de la naturaleza y de todo lo que existe, y más aun, de todo lo que está por manifestarse... lo que yo llamo "DIOS", y si el lector también, ¡qué mejor! Lo cierto es que estos pensamientos me hacen sentir feliz y seguro, me hacen amar todo lo que represente ser una parte fundamental del TODO. Y esto no es algo que debí aprender, es algo en lo que me convertí cuando acepté la contundente realidad: somos lo mismo que una estrella o lo mismo que un pequeño abrojo. Cuando esta idea se convirtió en una convicción sincera fue cuando tuve la certeza de que nuestra real evolución no está en lo físico ni en lo material, sino en nuestro ser superior; está en nuestra espiritualidad. Y fue entonces, sólo entonces, cuando por fin llegué a la meta que me había trazado tres décadas atrás: el centro del infinito. Sí. Estoy convencido de que viajé al centro del infinito, y también lo estoy de que cualquier otra persona lo puede hacer.

El primer paso es crear un concepto propio de lo que el universo significa, pues esto es un punto muy personal debido a que ni siquiera los más grandes científicos, hasta el día de hoy, han logrado acercarse a la realidad universal. Lo poco que se ha obtenido son meras especulaciones, y aunque el universo existe para todos, cada mente lo idealiza de manera individual, de acuerdo a su capacidad y desarrollo intelectual, incluso de acuerdo a sus fantasías. Lo cierto es que el mismo universo nos va dando a todos de manera consciente o inconsciente, las pautas para lograr comprenderlo; pero el hecho es que existe una concepción raquítica o vaga de la totalidad; a fin de cuentas y redundando, nadie tiene la certeza de cómo es el universo en su contexto total, pero, si algo es cierto, es que todos estamos en el camino de su comprensión, y tenemos que racionalizar los conceptos de tiempo y espacio, y de los diferentes planos dimensionales o existenciales que están en la totalidad. Considerando el principio de incertidumbre de Heisemberg, si en un momento eventualmente alguien lograra visualizar la totalidad, ésta es tan infinita, que lo que se podría decir es que se puede racionalizar el universo sólo hasta los límites que cada cerebro pueda concebir.

Nadie puede concebir lo que está sucediendo en el lugar más alejado de la galaxia, puesto que nuestro tiempo regional está infinitamente separado del tiempo que rige en esos puntos tan lejanos. Teóricamente, si un sistema de planetas alejado de nosotros cinco mil millones de años luz, en este instante se destruye, nosotros no podríamos enterarnos hasta dentro de cinco mil millones de años; o sea que la causa que provocó esa destrucción planetaria, esa eventualidad, está en el futuro lejano para nosotros, aunque haya sucedido en "este presente de este lugar". Los posibles seres que pudieron haber habitado esos sistemas ya dejaron de existir; pero para nosotros, en nuestro presente, ni siquiera han nacido.

Existen aspectos cuya comprensión encierra un alto grado de complejidad, y sin embargo están dentro del universo cuántico, pero si se analizan desde un punto de vista filosófico, o más inclinado a lo espiritual que a lo físico, su comprensión se torna menos difícil, pues en el multiuniverso, partiendo de las partículas subatómicas, átomos, moléculas, células, órganos, cuerpos físicos vivientes y no vivientes, planetas, estrellas, galaxias, todo es afectado por el movimiento cuántico; en todo, la física cuántica se manifiesta y nos afecta, pues se sabe, o por lo menos se acepta, que la totalidad está interconectada todo con todo; de ahí la frase de: "El vibrar de un electrón conmueve a la unidad total". Si esto es cierto, un pensamiento que está hecho de vibraciones, al manifestarse, afecta de manera directa a nuestro entorno inmediato y consecuentemente, a la totalidad, ya que el acto de pensar es en realidad una serie de movimientos e impulsos electrónicos, y estos movimientos son fluctuaciones alrededor de los átomos que conforman nuestras neuronas. Entonces, si cada cosa que está en el universo es una serie de átomos, todos y todo estamos en un infinito movimiento vibratorio.

Ahora bien, profundizando en lo que pudo haber sucedido en la "causa primera que dio origen a lo que conocemos como multiuniverso", hay que reconocer que determinar esa "causa primera" es literalmente imposible. Es que no existe nada que no se manifieste como resultado de una causa anterior al estado presente de las cosas. Esto nos pone, queramos o no, en los campos de la especulación; y sin embargo, entre las muchas teorías que existen sobre el origen del multiuniverso, está la del "Big-Bang", quizá la más aceptada entre los físicos teóricos contemporáneos. Así mismo, algunos filósofos y libres pensadores se inclinan más por esta teoría que por muchas otras que dejan otras cuestiones sin resolver y nos llevan a incongruencias inaceptables. El "Big-Bang", por las probables características que presenta, se ajusta más a la posibilidad de que así haya sido el origen, si es que así se puede llamar.

Todo comenzó con una singularidad extrema, de un tamaño que se define como "10 a la menos 32 cm"; es decir, billones de veces más pequeña que un átomo. Esta singularidad contenía en su interior toda la energía y materia que hoy sabemos que existe en la totalidad. Estos conceptos escapan a la comprensión y a la lógica de los más grandes cerebros del mundo, pues aún cuando son conceptos físicos, caen en territorios de la filosofía y de la espiritualidad. Esta teoría afecta y conmueve a los místicos, a los metafísicos y a los religiosos, pues de alguna manera no le dejan espacio a Dios sobre su participación en la creación. Pero para mí, fue ese mismo Dios precisamente quien conformó esa especial singularidad.

Según la mayoría de los estudiosos del tema, este evento se sitúa quince mil millones de años atrás. Y es curioso, pero la teoría de la creación del universo ha sido aceptada aun por los grandes religiosos católicos, pues irónicamente es a George Lemaitre, de origen belga y sacerdote de la iglesia católica, a quien se le considera padre de la teoría expansionista del big-bang. Es cierto que padece de muchas deficiencias, pues como se ha dicho incansablemente, aun esta teoría es también especulativa y su porcentaje de incertidumbre es relativo. Pero esto es absolutamente normal... ¿Cómo podría el ser humano conocer el infinito, si ni siquiera interpreta de manera absoluta su propio organismo?

Pero todos tenemos derecho a fantasear y a especular al respecto. Por ejemplo, pienso que en aquella posible singularidad, billones de veces más pequeña que un centímetro, ya estaba codificado lo que daría lugar a nuestra existencia, de la misma manera que cada uno de nosotros ya tiene sus propios códigos desde el momento de su gestación. En cada una de las dos células que se unieron ya estaban codificados todos los caracteres que conformarían cada elemento de nuestra personalidad. Podemos concluir entonces que todos tenemos la misma edad que el universo, la edad de las estrellas; de alguna manera, también somos estrellas, de tal suerte que, como alguien dijo: "si quieres tocar una estrella, tócate la frente".

Estamos hechos de la misma materia que contienen las galaxias; todo es cuestión de perspectiva, de integración atómica y de proporción.

Podría yo caer en la tentación de transcribir literalmente cómo se supone que fueron los primeros instantes de esa explosión, el momento de la creación del espacio tiempo, pero no lo haré, pues éste no es un libro científico. Aquí se trata de analizar lo que muchísimos seres humanos ya sabemos, pero por desgracia, muchos ignoran: que todos estamos en posibilidades de seguir creciendo con el universo, de conocerlo, de intuirlo; y así, algun día, tendremos la capacidad de llegar al centro del mismo.

Volviendo al tema del "Big Bang" y a las codificaciones que ya traía aleatoriamente, hay que puntualizar que ahí ya estábamos yo, tú, él, ella, nosotros, ustedes y ellos; es decir, todos los seres humanos y toda la materia visible e invisible. Si la ley de causa y efecto es verdadera -y yo personalmente creo que lo es- en aquel minúsculo "no espacio y no tiempo", verdaderamente, de manera potencial, estaban contenidas todas las fórmulas matemáticas, físicas y químicas que darían forma y fondo a cada manifestación posterior a aquel primer micro-instante, a excepción del mal llamado "vacío", que en realidad siempre estuvo lleno y rebosante de "nada". Esta nada -o este vacío- es la matriz verdadera, el crisol de todo cuanto existe. Hay que meditar a fondo lo que todo esto significa, pues estos conceptos pertenecen simultáneamente a los brazos de la física, de la química, de la filosofía, de la mecánica cuántica, y ciertamente, a los brazos de la divinidad.

Dentro y fuera de la nada existen tantas y tantas cosas, que jamás podríamos imaginarlas con exactitud. Seguramente observar algunas imágenes del espacio exterior nos permitirá tener una ligera idea de que el hombre solamente ha llegado a conocer una parte ínfima del universo, y de que es posible deducir nuestra pequeñísima dimensión dentro de tal grandeza.

Estas fotografías son de una belleza extraordinaria, y por eso no he querido dejarlas fuera de estas páginas. Observar y aceptar su magnificencia puede hacernos sentir que definitivamente sí vale la pena invertir tiempo y esfuerzo en tratar de comprender, dentro de lo posible, a ese maravilloso universo en el que estamos inmersos.

EL HOMBRE, LA MEDIDA
DE TODAS LAS COSAS

Es absolutamente necesario explicar detalladamente esta afirmación, "el hombre, la medida de todas las cosas", pues contiene los conocimientos indispensables para lograr el viaje fantástico al centro del infinito.

Aristóteles aseguró que la Tierra era el centro del universo, y así fue considerada hasta el año 1543, en que Nicholas Copérnico dio a conocer su teoría heliocéntrica.

Actualmente tenemos la certeza casi total de que estos grandes filósofos, sabios de la antigüedad, estuvieron sólo temporal y relativamente ciertos en sus teorías y afirmaciones. Hoy conocemos sólo un poco más de los que antes se sabía sobre las magnitudes del tiempo y del espacio, y de la ubicación en el mismo, de algunos cuerpos que conforman nuestro universo.

Fue dentro del conocimiento Hermético que salió a la luz el hecho de que el hombre es la medida de todas las cosas. Ahora sabemos que por lógica, también cada hombre y cada partícula del universo son el centro del mismo, cualquiera que sea su ubicación en cualquier punto del infinito espacial. De esto se desprende que en el multiuniverso no existe ningún punto que se pueda considerar un lugar de privilegio; el centro de la totalidad es cualquier parte, por lo que se deduce, bajo la premisa de que tiempo y espacio son lo mismo, que de la misma manera que cualquier punto es centro en el universo, también cualquier momento es el centro del tiempo; es decir, que todo gira alrededor de un eterno presente.

Retomando a ese magnífico libro, el Kibalyón, podemos analizar el concepto de uno de sus grandes principios: el del mentalismo, que nos indica que todo es mental. Y esto me llama mucho la atención, pues cavilando sobre estos conceptos se llega a estados de locura abrumadora, ya que si en realidad todo es mental, no hay nada que sea sólido. Y esto está comprobado de manera científica, pues una y otra vez se ha demostrado que todo es una vaguedad casi total, que la materia es un truco mental para hacer creer a nuestros sentidos que somos entes físicos. Pero al mismo tiempo, esta suposición parece falsa, pues cualquier elemento que conforma nuestro cuerpo se puede diseccionar hasta más allá de las dimensiones atómicas y llegar a los límites de esa sensación de realidad física. Por tanto, nada hay más alucinante que la materia, pues en última instancia, está compuesta de paquetes de energía concentrada que adquiere diferentes formas.

Profundizando todavía más, se sabe que la materia es energía y viceversa, y también la energía es vibración y viceversa. Esto nos lleva a concluir que cuando pensamos, si nuestros pensamientos son impulsos eléctricos del cerebro, estamos creando materia. Sin embargo, todas estas conclusiones están más allá del alcance de nuestras capacidades mentales y psíquicas, lo que hasta cierto punto nos lleva a la justificación de esa actitud en la cual muchas personas se preguntan: ¿qué se gana con saber todo esto, si la realidad en este plano de existencia no me ayuda a satisfacer mis necesidades materiales?... Mi respuesta es contundente: Saber esto y asimilarlo correctamente es tener la posibilidad de hablarse de tú a tú con Dios.

Estar conscientes de que nos encontramos en algún punto del movimiento cíclico del universo, y de que de nosotros dependerá cómo vamos a contribuir a su evolución, es evidente en la totalidad. Y de aquí se desprenden muchas otras cosas, como el aceptar que no todo es como quisiéramos que fuera, y que debemos tener paciencia para esperar que el desarrollo y los impulsos del propio universo se generen y regeneren. Hacer esto de una manera cada vez más consciente nos ayudará a entender que estamos inmersos en el proceso general del multiuniverso; es decir, que somos parte de un plan desarrollado por "alguien" o "algo" que es nuestro Creador. Si alguien no está de acuerdo, mi opinión personal es que resulta injusto e irracional poseer la enorme potencialidad que encierra el solo hecho de existir y no reconocer el valor que tenemos como parte infinitamente pequeña, pero infinitamente grande en importancia, dentro de la gran conciencia universal. Se trata simplemente de que el Creador nos ha dado la oportunidad de SER y de ESTAR aquí, y no podemos fingirnos ciegos ante esa gran verdad.

Ahora bien, en un intento por aclarar mi posición, quiero mencionar que estoy convencido de que la ley de la causalidad me llevó a tener el honor de conocer a

Nicaluciana, una mujer nicaragüense que me incluyó en su proyecto de realizar una serie de actividades con el fin de rescatar la zona geográfica en donde ella nació, muy cerca de la ciudad de Managua. Como tiene un espíritu de lucha que la compromete con la problemática económica y social que atraviesa el mundo, yo me identifiqué de inmediato con sus ideales y por ella aprendí que las revoluciones no se ganan solamente estando en el campo de batalla, pues cada uno desde su trinchera, ya sea intelectual, espiritual o geográfica, puede hacer algo para conmover las conciencias y generar un ansia de libertad con posibilidades infinitas en todos los órdenes.

Nicaluciana, asidua lectora de temas de elevación espiritual y social, me envió un regalo electrónico titulado *"El hombre que plantó árboles y creció felicidad"*. Es una historia realmente conmovedora, y de ser cierta, me inspira a elevar una oración al universo como un homenaje a ese hombre excepcional. Pero si no se trata más que de un cuento, entonces vaya para su autor, Jean Giono, todo mi reconocimiento, pues historias como éstas son las que el mundo necesita para tomar ejemplo de lo que se puede hacer por amor a la humanidad. Voy a permitirme relatarla, con el consabido crédito.

Si uno quiere descubrir cualidades realmente excepcionales en el carácter de un ser humano, debe tener la oportunidad de observar su comportamiento durante varios años. Si no es egoísta, si posee una generosidad sin límites, y si ha logrado dejar huella visible en su paso por la vida, entonces no hay equivocación posible... Contó Jean Giono que cuarenta años atrás hizo un viaje a través de montañas completamente desconocidas por los turistas, atravesando la antigua región donde los alpes franceses penetran en la Provenza. El lugar era absolutamente estéril y sin color, pues la única planta que ahí crecía era la lavanda silvestre. Se encontró en una desolación absoluta y acampó en los vestigios de un pueblo abandonado.

Como se quedó sin agua, tuvo que recorrer un grupo de casas arruinadas que ocultaba una fuente, también arruinada. Seguramente ahí hubo un día un pueblo con vida, pero había desaparecido. Además, el viento soplaba con una ferocidad insoportable. Tras cinco horas de andar, no encontraba agua y alrededor sólo se vislumbraba absoluta sequedad. De pronto vio una sombra negra y se acercó. Se trataba de un pastor con unas 30 ovejas que le dio a beber de su cantimplora y lo invitó a su cabaña, cerca de un pozo natural, en el pliegue del llano.

Era un hombre solitario y muy callado que vivía en compañía de su perro, en una casita de piedra reparada por él mismo, en cuyo interior todo era limpio y ordenado, cosa sorprendente en una región tan estéril.

El pueblo más cercano estaba a día y medio de distancia, y la gente ahí no era amigable.

Después de cenar con su invitado, el pastor examinó unas bellotas que puso sobre la mesa, y cuando escogió las cien mejores, se fue a dormir. Ese hombre parecía estar tan lleno de paz, que despertó la curiosidad del viajero, quien decidió quedarse ahí un tiempo más. Quería conocerlo mejor. Al día siguiente lo acompañó, mientras las ovejas pastaban vigiladas por el perro, a unos cien metros, en la montaña. Ahí lo observó enterrando una de las bellotas; estaba plantando un roble. Ni sabía ni le importaba de quién era esa tierra. Con el máximo esmero se había dedicado a plantar cien árboles al día durante tres años en aquel desierto; había plantado unos cien mil. Sólo veinte mil habían brotado, y otros tantos más habrían de perderse. Al final quedarían sólo diez mil robles para crecer donde antes no había crecido nada.

El nombre del pastor era Elzeard Bouffier. Había sido dueño de una granja, pero al perder a su único hijo, y luego a su mujer, se retiró a la soledad, viviendo tranquilamente con su perro y sus ovejas. Como pensaba que la tierra se estaba muriendo por falta de árboles y no tenía otra cosa que hacer, había decidido remediar el problema. Mientras Dios le concediera vida, él seguiría plantando cuantos árboles le fuera posible. Además, ahora estaba considerando sembrar hayucos y abedules en las secciones en que hubiera suficiente humedad.

El viajero se despidió y al año siguiente estuvo en servicio durante la guerra mundial, por lo que casi se olvidó de aquella siembra de árboles. No podía ser algo importante cuando el mundo atravesaba por tantos problemas. Sin embargo, al terminar la guerra, la necesidad de respirar aire fresco lo llevó a regresar a esa tierra estéril. Como había visto morir a tantos hombres en los últimos años, no esperaba hallar a Elzear Bouffier con vida, pues como tenía más de cincuenta años, seguramente era ya un viejo preparándose para morir. Pero resultó al contrario: tenía ya sólo cuatro ovejas porque eran una amenaza para sus árboles, pero tenía cien colmenas y comentaba que la guerra no le había afectado en absoluto. El sólo seguía sembrando árboles. Para entonces algunos de sus robles tenían ya diez años y eran extremadamente altos. Eran un espectáculo impresionante que había brotado de las manos y el corazón de un solo hombre. Las tres secciones, incluyendo las de hayas y abedules, medían once kilómetros de largo y tres de ancho. Sin que Elzear lo buscara, la naturaleza había contribuído también con una serie de cambios en el ambiente. Ya corría el agua por los riachuelos que antes habían estado secos. Como el viento también ayudó a esparcir las semillas, al mismo tiempo que el agua brotaron prados, sauces, jardines, y también, casi sin sentirlo, una cierta razón de existir.

Cuando algunos cazadores llegaron a darse cuenta del repentino crecimiento de los árboles, creyeron que era un capricho de la naturaleza, por lo que nadie interfirió con el trabajo de Elzear, quien ni siquiera se sorprendió cuando un día le notificaron que había órdenes de preservar ese bosque natural que había crecido espontáneamente. La enorme extensión y la belleza del lugar habían cautivado a una delegación del gobierno. Ya para entonces el hombre había cumplido 75 años y seguía sembrando con absoluta meticulosidad. El ejercicio y el aire puro le habían otorgado la envidiable salud de que gozaba. No sólo era sabio porque sabía de árboles más que nadie, sino porque había encontrado una maravillosa forma de ser feliz.

Cuando llegó la Segunda Guerra Mundial, hubo una creciente tala de árboles, pero los de Bouffier estaban tan lejos de las estaciones de trenes, que ni ellos ni su dueño siquiera se enteraron del peligro que la guerra había generado una vez más. El narrador se encontró con Elzeard Bouffier por última vez en 1945, cuando tenía ochenta y siete años. El lugar era irreconocible. Imposible asociarlo con la imagen de años atrás, de ruinas y soledad. Todo había cambiado y el viento, tan seco y áspero, era ya una brisa suave y perfumada, y el ruido del agua venía de la montaña. La región entera había renacido por completo. Con el tiempo, las casas en los alrededores fueron restauradas y el pueblo, con diez mil habitantes, había renacido definitivamente. Flores, fuentes, prados y cultivos de cebada y arroz eran señal indiscutible de que si bien la guerra había frenado a la vida, en ese lugar, el espíritu de Bouffier, firmemente establecido, había convertido las viejas ruinas en un esplendoroso paisaje donde la vida misma fluía de nuevo.

Aquel hombre anciano y supuestamente analfabeto, pero armado con una gran fuerza física y moral, fue capaz de hacer surgir en el desierto una tierra de Canán. Es digno de profundo respeto aquél que con tenacidad y grandeza de espíritu pudo dar lugar a semejante fruto, una obra DIGNA DE DIOS.

Ciertamente esta historia es conmovedora y me motiva a creer que, si no en solitario, sí en conjunto, todos podríamos realizar una obra de esta magnitud como muestra de admiración y agradecimiento a Dios. Pero no es nada fácil, estamos limitados por nuestros lastres emocionales, por convencionalismos sociales y por una decidia que destruye cualquier gran intención. De cualquier modo, por mi parte pretendo que este libro sea equivalente a una sola de las bellotas de Elzear, que al unirse a otras acciones de otros, bien intencionadas, ya sea materiales o espirituales, eslabonen una cadena de buenas vibraciones que nos conduzcan a una vida más grata, más feliz, que nos haga trascender a quienes estamos en busca de un mejor estar en este plano existencial. Gracias a Nicaluciana por compartir esta historia y por tener también un saco lleno de bellotas que sembrar.

A mí no me queda ninguna duda. Reitero lo dicho: el Creador nos ha dado la oportunidad de SER y de ESTAR aquí, y no podemos fingirnos ciegos ante esa gran verdad.

EL CENTRO DE TODO CUANTO EXISTE

Si bien hay que entender que el hombre es la medida de todas las cosas, también hay que aceptar y creer que realmente el espacio vacío no tiene límite alguno. La lógica nos dice que si algo lo limitara, ese algo ocuparía también un espacio, quizás una barrera constituída por "nada". Tal vez un "fin" del espacio-tiempo sería el punto exacto en que nuestro universo conocido empezara a contraerse.

Para poner un ejemplo que nos permita comprenderlo mejor, imaginemos disparar una bala hacia arriba, y aquí hay que aplicar las leyes de la física conocida, la de la inercia y la de la gravedad. En el momento exacto en que las fuerzas atractivas hagan que se inicie un retroceso, no es que ya no exista espacio por recorrer, sino solamente que hasta ese punto llegó la fuerza que impulsaba dicha bala. No es, repito, que se acabó el espacio. Es sólo que en última instancia, toda la materia universal lleva consigo "su fin del universo".

Tomemos como punto de referencia a nuestro planeta, el cual tiene la forma de una esfera, y pongámonos de pie en cualquier punto de él, avanzando en línea recta. Eventualmente regresaremos al mismo punto. En el espacio, se supone, sucede exactamente lo mismo, podríamos viajar a través de las galaxias por toda la eternidad y sólo estaríamos completando ciclos. No habiendo puntos de referencia para saber hacia dónde vamos, puesto que a donde apunte nuestra vista es infinito y más infinito, si queremos darle la vuelta completa al universo, con el solo hecho de pensarlo, ya estamos de vuelta. ¿Existirá alguna manera de demostrar lo contrario? Pienso que no.

Ahora, reflexionemos ya no con respecto a algún planeta, sino a algún punto de nuestro interior. ¿Habrá diferencia? ¡Por supuesto que no! Cualquier punto de nuestro interior físico es también, por lógica y por extensión, el centro mismo del universo. Más aún, cada célula, cada partícula que nos integra, singularmente contiene un "centro del universo"; es decir, todo corpúsculo que flota conformando la totalidad es centro absoluto de la gran totalidad; simple y llanamente, del multiuniverso.

Dijo Hermes Trimegisto que "conociéndote a tí mismo, conocerás el universo". Eso es una realidad. Con sólo quererlo, cada uno de nosotros puede viajar al centro mismo del universo. Simplemente hay que efectuar una introspección a nuestro interior. De esa manera nos daremos cuenta de que ahí dentro tenemos una senda infinita de posibilidades para poder identificarnos con cada punto del universo. Reflexionando y descubriendo cuál es el punto más importante de nuestro cuerpo, veremos que siempre hemos estado ocupando un lugar importantísimo en la totalidad, que de nuestro interior han estado fluyendo ideas que van en este momento viajando en el éter cósmico. Desde nuestro primer llanto al nacer hasta nuestros sentimientos, nuestros pensamientos y nuestras acciones, todos de manera simultanea han estado viajando desde el mismo centro del universo en forma de vibraciones y se han interrelacionado con todas las otras ondas de todo cuanto emite ondas vibratorias, y toda esta energía en su conjunto se está acumulando siempre en esa gran fuente de recepción y distribución energética que el multiuniverso utiliza para sus planes. Aceptémoslo, no hay duda alguna: cada uno de nosotros es en sí mismo, el punto central del universo, el centro de todo cuanto existe.

Hace poco recibí por internet un correo en el que se trataba de hacer una comparación entre los planetas de nuestro sistema solar con respecto a nuestro sol, y después, de hacer otra comparación de nuestro sol con respecto a otros cuerpos celestes. Fue impresionante.

Esta no es más que una demostración de lo relativa que es nuestra presencia en la totalidad, una presencia que ciertamente nos abruma por la extrema diferencia entre nuestras pequeñísimas dimensiones como seres físicos y las enormes dimensiones de algunos cuerpos estelares. Sin embargo, hay algo digno de tomarse en cuenta, y es que siendo tan "insignificantes", hoy por hoy, según sabemos, somos los únicos seres capaces de ponderar la gran presencia del TODO, y además, los únicos que tratamos de hacer análisis de tipo filosófico y espiritual, algo que definitivamente nos compromete ante el TODO, ante Dios, o ante el G.A.D.U. (gran arquitecto del universo).

Por eso surge en mí una pregunta constante: ¿Será que EL nos está permitiendo entrar en sus terrenos, los del conocimiento divino? ¿O es una simple pretensión de nuestra parte? Para mí, la respuesta es que Dios nos concede todos los días la oportunidad de conocerlo, de darnos cuenta de que cada uno de nosotros es una parte ultra minúscula de El mismo. Y por tanto, si somos capaces de reconocerlo, de sabernos parte de ese Dios que nos creó, y parte central del universo, lo seremos también de ir y venir a nuestro antojo, de viajar con nuestros pensamientos y con nuestras actitudes positivas, una y otra vez, hasta el centro mismo del infinito. No hay más que dejar que actúe la ley de la energía que hace que todo fluya. Siempre es bueno recordar que no hay límites en el pensamiento. Ya lo dijo el Dr. Dyer: "el límite es el cielo, y éste no tiene límites".

SHASTA...MI VIAJE PERSONAL

Meditando sobre la parte dimensional de algunos cuerpos en el espacio, veo que mi planeta es muy grande, y que con respecto a mi tamaño como cuerpo físico, soy absolutamente insignificante, tanto, que en la real proporción de la medida no ocupo ni siquiera el espacio que ocupa una pulga sobre el lomo de un elefante; y si además este espacio tengo que dividirlo doscientos millones de veces, no puedo llegar más que a la conclusión de que no somos nada. Pero esto solamente puede considerarse en el aspecto físico, porque en el intelectual y en el espiritual, no hay más remedio que entender que somos una partícula de Dios, y es precisamente esto lo que nos hace inimaginablemente grandes. Esto no es una fantasía, sino una convicción, y la medida de esa convicción tendrá proporción directa con nuestro tamaño espiritual.

Una vez que hayamos aceptado esta magnífica realidad, veremos al TODO desde una perspectiva diferente en la cual el espacio y las distancias entre los cuerpos celestes ya no parecerán tan inmensamente grandes, pues no los estaremos midiendo desde el punto de vista físico. El universo no parecerá interminable porque simplemente nos sentiremos parte de él. De esa manera estaremos más en Dios y El estará más en nosotros. En resumen, estaremos más en sintonía con nuestra propia esencia, con Dios, con la totalidad, y estaremos plenamente inmersos en esa unidad que todo lo contiene. Y así, desde una perspectiva holográfica, el viaje al centro del infinito será totalmente factible.

Es en el preciso momento en que empezamos a meditar sobre nuestra esencia cuando estamos dando el primer paso a la realización de ese viaje fantástico hacia nuestro centro, justamente el lugar en donde se van acrisolando todas las circunstancias que han de dar paso al eterno cambio que se genera en nuestro ser físico y en el espiritual, haciéndonos llegar, de manera consciente, a formar parte activa del multiuniverso, que, repito, vive en constante cambio, en eterna evolución. Y es que a fin de cuentas eso somos, parte de esos ciclos, de esos valles y crestas dentro de la gráfica o escala de vibración en que seguramente permaneceremos por una eternidad.

Si hacer el viaje al centro del infinito significa viajar hasta el centro de nosotros mismos, esa introspección tendrá que permitirnos evaluar de manera sencilla y lógica el significado de nuestro entorno exterior, ése que nos pone en la universal dimensión en la que estamos inmersos y en la que debemos realizar alguna misión, misma que también tenemos la obligación de descubrir y completar a fin de lograr que la gran obra del creador sea una obra conjunta en la que eventualmente podamos sentir la enorme satisfacción de sabernos co-creadores con las fuerzas de Dios. Esta es una necesidad que yo traduzco precisamente como "hambre de Dios", algo que me lleve a la certeza de que no existe la intrascendencia porque percibo que una vez que hemos "sido" en este plano de existencia física humana, tenemos que trascender una vez que hayamos cumplido con nuestra misión.

Pues bien, en mi caso personal, fue un 3 de noviembre, hace algunos años, cuando decidí realizar ese viaje fantástico hacia el centro del infinito, algo tan deseado por mí, durante mucho tiempo. Nadie vio cuando abordé mi "trasbordador espacial", un viejo Volvo que se movía por auténtico milagro. Después de 4 horas de navegación entre San Francisco y mi destino, llegué a los linderos de un hermoso lugar, llamado Monte Shasta. Eran casi las diez de la noche y nevaba intensamente, pero no hacía frío, o por lo menos yo no podía percibirlo. El pueblo del mismo nombre lucía espléndido, sus casas eran maravillosas y parecían estar de fiesta con las luces colocadas para lucimiento de las próximas fechas navideñas; todo hacía sentir un ambiente tranquilo y acogedor, pues no se veía gente por las calles, pero sí se podía disfrutar de la armonía del ambiente, Shasta es simplemente mágica, algo que mantiene un esoterismo latente y pujante que nos invita a la reflexión, a la meditación. Por eso elegí este sitio como punto de lanzamiento hacia mi destino. Ya previamente había estado en ese lugar trabajando con mis propias ideas y profundizando mis pensamientos, y en otra ocasión, trabajando de manera individual con el tema de Saint Germain. Ya he manifestado que por más de 25 años he pertenecido a un logia filosófica de tipo iniciático que me ha permitido intuir cuando algo es realmente mágico y trascendental, y Shasta lo es, sin duda alguna. Tres días antes de mi viaje dejé de ingerir sólidos y casi me mantuve tomando líquidos, y como equipaje solamente llevaba lo indispensable para soportar el posible frío de la montaña, dos galones de petróleo para encender fuego, un gran termo de cinco litros conteniendo té de manzanilla, dos libras de granola que preparé con nueces y pasitas blancas, dos trozos de salmón, un racimo de uvas y dos tabletas de chocolate sin refinar. Con esos elementos a la mano, comencé a meditar a eso de las 11 de la noche y después de una hora me dediqué a mirar el esplendoroso cielo que parecía invitarme a llegar hasta él.

Monte Shasta es un chakra sobre el planeta, lleno de una energía muy difícil de explicar; quien lo visita, simplemente logra una conexión con algo indescifrable, es un parque nacional en que se permite acampar en ciertas áreas relativamente seguras. A mi paso encontraba algunas fogatas que a lo lejos proyectaban las sombras de personas que como yo, buscaban el contacto con la naturaleza. Al fin llegué a una de las explanadas en las que ya había estado con anterioridad. Me auxilié con una lámpara para poder bajar; a los diez minutos de mi llegada, la fogata estaba a plenitud, y aunque el frío no era tan intenso, sí era indispensable el fuego para poder ahuyentar a los animales que quisieran acercarse. De todos modos, la magia de ese lugar infunde un sentimiento de armonía que de manera inmediata hace conexión con nuestra parte espiritual, una sensación que yo sólo había sentido unos 30 años antes, en las ruinas de Teotihuacan, en México, cuando fui iniciado en el rito hermético tolteca tradicional, una experiencia que logra que el prospecto se ponga en contacto con las energías de seres que vivieron en esos lares y que nos entregaron el conocimiento ancestral de nuestros orígenes.

Una vez que el fuego comenzó a calentar el ambiente, me senté cómodamente sobre el tronco de un árbol que estaba en el piso. La explanada está rodeada de centenares de hermosos pinos y secuoyas que aun cuando no brille la luna, reflejan sombras con esa majestuosa luz que emiten millones de estrellas. Es algo fascinante e indescriptible.

Yo estaba ensimismado con semejante paisaje cuando de pronto sucedió algo que yo llamo un pequeño milagro: llegó a mi memoria esa lejana noche en la que al lado de mi padre, allá en Morelia, vi la impresionante lluvia de estrellas. Volví la mirada al cielo y en ese preciso instante dos hermosas luces lo surcaron. Para mí no era más que una señal de bienvenida que el cielo me regalaba, y mágicamente esta visión se tradujo en mí como una infusión de absoluta seguridad y confianza. Tenía la sensación de que en esos momentos el universo quería hacerme un examen sobre todo lo leído, visto y escuchado durante mis últimos 45 años de vida.

Se ha dicho que muchas personas al morir, justo en sus últimos momentos, recorren su vida como si fuese una película que se proyecta en alta velocidad; en mi caso yo no estaba muriéndome, pero la película se proyectó, vinieron a mi mente imágenes que ya no estaban en mi conciencia, se reactivaron en mí los centros energéticos de mi cuerpo que ya creía dormidos, y más aun, muertos… además sentí que se creaban puntos de energía que jamás había sentido, el universo estaba trabajando conmigo y para mí. Así lo comprendí y así lo agradecí desde lo más profundo de mi ser; el universo me estaba manifestando que en ese momento aceptaba que yo penetrase en él, me estaba dando la clave de pase para conocerlo, para sentir que soy parte de él, para sentirme el universo mismo.

El paso de esas dos estrellas fugaces duró escasos dos segundos, pero fueron el detonador que me puso en sintonía con la totalidad, y por eso pensé que era el momento de iniciar mi anhelado viaje hacia el centro del infinito.

En cualquier otra circunstancia, aquella soledad en la montaña hubiera sido suficiente para sentirme lleno de temores. No es común que una sola persona decida acampar en ese sitio y menos aun, de la forma en que yo lo estaba haciendo, con tan escasos elementos. Es cierto que yo ya había estado ahí, con un grupo de 60 personas o más, pero esa noche era muy distinto, pues ya llevaba mucho tiempo preparándome para dar ese salto cuántico dentro de mi fuero interno.

No hay duda de que en Monte Shasta todo se vuelve mágico, y los momentos previos a mi viaje también lo fueron. Mi cuerpo completo estaba dispuesto a percibir cualquier sonido, cualquier movimiento de las ramas de aquellos majestuosos árboles. Hubo momentos en que todo se suspendió, los murmullos, el aire, todo, absolutamente todo se puso en estado de quietud, incluso la temperatura del ambiente se ajustó a lo más cercano a la perfección; es decir, me sentí como se deben de sentir los seres en plena formación dentro de los espacios uterinos; comprendí que era el momento tan esperado. Lo primero que hice fue colocar una manta de franela cubriendo parte del tronco de aquel árbol, tal vez milenario, y que fue derrumbado por los siglos, y me senté sobre la manta recargando mi espalda en el tronco. Debo decir que jamás en mi vida tuve arrojos de valentía en ningún sentido, más bien me declaro cobarde ante lo desconocido. Sin embargo, algo se había activado en mí y aun ahora me pregunto cómo pude atreverme a semejante intento por conocer algo de lo infinitamente desconocido. Respiré profundamente una, dos, tres veces, y tuve la sensación de que todo era parte de mí, sentí el palpitar de la montaña en armonía con aquellos miles y miles de seres que la habitaban; en mi mente se creó una imagen de integración total de mi entorno. No lo pensaba en ese momento, pero sabía que todo aquello era parte del despegue y ya no había vuelta atrás, estaba en los primeros segundos de mi viaje fantástico.

Por el momento se sabe que los viajes interestelares aun están en los terrenos de lo imposible. La ciencia ficción nos habla de velocidades que van más allá de las velocidades lumínicas, pero aun así, suponiendo que se lograra la utópica velocidad mil veces superior a la de la luz, la longevidad del ser humano limita cualquier posibilidad de un viaje a las estrellas; sin embargo, es aquí donde entra la posibilidad energética de nuestra mente y de nuestra densidad espiritual, pues solamente así se puede realizar un viaje ideal como el que yo estaba iniciando aquella memorable noche.

En aquel estado emocional tan singular, yo podía sentir cada parte de mi cuerpo en la exacta dimensión existencial que estaba experimentando. No es fácil explicar cómo es que yo sentía cada una de mis células y cómo mi cerebro se disponía a desconectarse de mi esencia física; pero antes de esa desconexión, yo debía elaborar toda clase de cuestiones inherentes a las posibles barreras con las que me habría de encontrar a través de mi travesía por el éter cósmico, tenía que sustraerme del concepto tiempo y del concepto espacio. Sabía que una vez comenzado el trayecto, bien podría no regresar jamás a la realidad, de la que partía tal vez con un solo boleto de ida, pero no de vuelta. Sin embargo, no sentía temor alguno. Después de todo, cuando llegamos a este plano existencial no sabemos lo que el destino nos depara y tampoco sentimos miedo de aterrizar en este maravilloso planeta. Incluso, un posible no regreso desde la fuente del todo no podría ser tan trágico ¿quién no quisiera morir en estado de éxtasis espiritual? y yo en ese momento estaba a punto de conseguirlo.

Volví a aspirar profundamente y mi cuerpo comenzó a sentirse relajado, a cada segundo que pasaba, cada partícula de mi ser se iba poniendo más en sintonía con la vibración del entorno y yo trataba de poner mi mente en blanco. Poco a poco fui construyendo un marco muy similar a una pantalla de cine y de manera vertiginosa recordé el reciente momento en que yo trataba de ponerme cómodo en aquella explanada. Entonces continuaron los recuerdos de mi viaje desde San Francisco, era como si los recuerdos estuviesen empaquetados en secciones que contenían segmentos completos de mi diario vivr y segmentos de sucesos de cualquier tiempo en mi trayecto por esta vida.

Mi mente fue dejándose llevar, no porque yo lo deseara, sino porque –ahora lo comprendo- era el propio universo quien me estaba brindando la oportunidad de viajar a través de sus espacios cuánticos. Las imágenes de mis experiencias de vida se fueron precipitando, aun las que ya estaban totalmente olvidadas, y por primera vez pude ponderar mis aciertos y ver claramente mis errores, y aunque el balance no fue de lo más positivo, decidí que mi vida toda, tal cual había ocurrido, era digna de volver a ser vivida exactamente igual, con los mismos logros y fracasos. En ese estado de armonía total, me posesioné del centro del infinito y de la suma de centros del infinito que pertenecían a cada ente y a cada cosa existiendo en él. Entonces me di cuenta de que el viaje ¡sí era factible! que no podría durar más que el tiempo de un parpadeo de ojos, que distancia y tiempo se concentraban en un lapso tan corto o tan largo como la misma eternidad; supe que en la inconciencia podrían caber la eternidad y el multiuniverso, y que la inconciencia y la nada eran sinónimas.

El viaje estaba hecho, y en ese momento comencé a aceptarme tal y como soy. Sentí que de alguna manera Dios me estaba otorgando una nueva oportunidad de comenzar a crecer en El, y tuve la certeza de que todo ser con un mínimo de conciencia podría realizar este viaje al centro del infinito, es decir, al centro de sí mismo, y palpar la esencia de su propio ser sintiendo la presencia de Dios. Todos podemos y debemos sentir que en realidad somos parte importante del todo. Conozco el escepticismo de millones que se niegan a aceptar que somos partículas del mismísimo Dios que nos creó, pero sé que si se dieran la oportunidad de viajar al centro de sí mismos, se convencerían de que no hay sensación más agradable que la "total armonía con la totalidad".

Esa noche inolvidable en Shasta me hizo pensar que ya estaba listo para enfrentarme a recibir la calificación que quisiera otorgarme el gran arquitecto del Universo sobre mi actuación en esta vida. Por eso, a partir de entonces vivo cada día con la mejor de las actitudes, siempre listo para acudir a su llamado en el momento en que lo decida, siempre listo para presentarme pletórico de gratitud hacia El por permitirme ser y estar en este plano de existencia, y con mi mejor disposición a recibir nuevas órdenes emitidas por El para continuar su obra eterna de recreación.

Ciertamente, la humanidad está siempre a la expectativa de que ocurran calamidades de toda clase, sin entender que las profecías son creación de la propia humanidad y que no es más que el ejercicio de la ley de causaliad lo que nos hace vivir en esa paranoia ancestral de ignorar que en realidad somos eternos. Después de ser y estar en esta dimensión, nos toca trascender. Somos eterna materia prima que, mezclada con la conciencia universal, que es el propio Dios, resulta una amalgama indestructible. Es hora de hacer a un lado a los falsos profetas, las falsas leyendas y los innumerables mitos que influyen en nosotros. Dios es bueno y único, y el regalo que nos tiene reservado es la felicidad eterna.

Dicen por ahí que ser feliz no es una meta, sino una manera de vivir. Pero la felicidad eterna está mucho más allá de esta dimensión y de este tiempo terrenal en que vivimos. Por eso tenemos que conocer nuestro interior y nuestro exterior, tenemos que armonizar nuestro ser con cada partícula, con cada entidad a nuestro alrededor, con cada parte mayúscula y minúscula que conforma el universo. Entonces, y sólo entonces, podremos olvidar nuestros temores, casi todos infundados, y vivir de acuerdo al plan que el Gran Arquitecto del Universo nos tenga reservado.

Y así, en armonía total con nuestro ser, nuestro entorno, nuestra energía, y nuestro Creador, a pesar del año 2000, a pesar del 2012, y a pesar de todos los pesares, podremos seguir siendo felices en este planeta hasta que nos llamen a vivir en la felicidad eterna.

CONCLUSION: ¡FELIZ VIAJE!

"¿Quien será aquel feliz mortal que pueda ver la luz de la flama y escuchar la música de las esferas?"

Cuando escuché esta frase por primera vez, me identifiqué con ella de inmediato, tal vez porque la música es parte de mí desde que tengo memoria.

Pero aun necesitaba aclarar mis ideas... Ciertamente, yo soy muy feliz, lo mismo cuando escucho que cuando interpreto música y son otros quienes la escuchan; y ¿la luz de la flama? ¿Qué tiene que ver con la felicidad?

Hace tiempo realicé una encuesta personal. Me interesaba saber qué era lo que la gente consideraba su entorno. Algunos contestaron que su casa, que el barrio en que vivían, que su país; y otros, los menos, que el universo, que el Sistema Solar, o que la galaxia. Solamente el uno por ciento contestó lo que para mí es una verdad absoluta: si el universo es infinito, entonces cualquier partícula, cualquier vibración o cualquier cosa, aun reducida a su mínima expresión, es, ni más ni menos, que el centro mismo del universo. Es decir, que se esté donde se esté, se mire hacia donde se mire, de todas formas se estará en el centro de todo y de nada, siempre habrá la misma distancia hacia cualquier punto, hacia el todo y hacia la nada.

Entonces, si hablamos del ser humano, su entorno inmediato es su propio ser, y el centro de sí mismo es a su vez el centro del universo que lo rodea, es el centro del infinito, y es en ese infinito donde reside y desde donde emana su espiritualidad.

Esta idea, intrascendente para los muchos escépticos que me rodean, es la base que sustenta el principio del mentalismo, y es este principio el que nos pone en la conciencia de sabernos conscientes, lo cual nos instala en la vereda del setetismo, misma que nos conduce a las posibles respuestas cuando surgen las preguntas existenciales básicas.

Redondeando, pues, sobre la frase inicial, aquel feliz mortal que pueda ver la luz de la flama será el que pueda comprender que la luz es la capacidad de ponernos en contacto con el Gran Arquitecto del Universo, con Dios, con el Creador, o como quiera que le llamemos. Si logramos despojarnos de la venda de la ignorancia, entonces seremos conscientes de nuestra verdadera naturaleza, de que somos seres inmortales, de que tenemos la edad misma de las estrellas, de que estamos inmersos en la eternidad, y de que somos al mismo tiempo, parte, centro, principio y final del universo, es decir, del infinito.

Y en cuanto a la música de las esferas, será feliz el mortal que pueda comprender que los planetas, las estrellas, todas y cada una de las esferas que conforman el universo, son parte de una sinfonía perfecta creada por el Creador, en la que inevitablemente participa cada partícula que integra el TODO.

Y si todos formamos parte de ese TODO, entonces con cada movimiento, con cada pensamiento, con cada hálito de vida, con cada vibración emitida, estaremos participando de esa música universal, seremos parte de una perfecta amalgama de ritmo, melodía y armonía que a veces preferiremos interpretar y otras, simplemente escuchar. ¿Qué disfrutamos más? Esa es una decisión absolutamente personal.

En resumen, seremos felices cuando adquiramos conciencia de nuestra participación con la divinidad, cuando disfrutemos tomando nuestro turno en la sinfonía universal, y cuando, para lograrlo, hayamos completado el viaje hacia el centro del infinito. Sirvan estas páginas para abordar la nave virtual que habrá de llevarnos hacia el punto de encuentro con todo, con nada, con Dios y con nosotros mismos.

www.ingramcontent.com/pod-product-compliance
Lightning Source LLC
Chambersburg PA
CBHW061259280526
45784CB00002B/821